驻村第一书记助力乡村振兴之路探索研究

张子悦 著

中国书籍出版社
China Book Press

图书在版编目(CIP)数据

驻村第一书记助力乡村振兴之路探索研究/张子悦著.--北京:中国书籍出版社,2024.10.
--ISBN 978-7-5241-0113-0
Ⅰ.F320.3
中国国家版本馆CIP数据核字第2024PY5199号

驻村第一书记助力乡村振兴之路探索研究

张子悦 著

策划编辑	成晓春
责任编辑	毕 磊
封面设计	守正文化
责任印制	孙马飞 马 芝
出版发行	中国书籍出版社
地 址	北京市丰台区三路居路97号(邮编:100073)
电 话	(010)52257143(总编室) (010)52257140(发行部)
电子邮箱	eo@chinabp.com.cn
经 销	全国新华书店
印 刷	北京市怀柔新兴福利印刷厂
开 本	710毫米×1000毫米 1/16
字 数	182千字
印 张	11.25
版 次	2025年5月第1版
印 次	2025年5月第1次印刷
书 号	ISBN 978-7-5241-0113-0
定 价	68.00元

版权所有 翻印必究

前 言

乡村振兴战略的提出,有着深刻的时代背景和重大意义。当今时代,我国经济快速发展,城市建设日新月异,但乡村发展却相对滞后。乡村振兴战略的提出,是实现中华民族伟大复兴的必然要求。中华民族的根在乡村,乡村的繁荣稳定关乎国家的长治久安。同时,它也是解决新时代我国社会主要矛盾的重要举措。随着人民生活水平的不断提高,人们对美好生活的向往更加强烈,不仅对物质生活有更高的要求,对生态环境、文化生活、社会治理等方面也有着迫切的需求。实施乡村振兴战略,对于促进城乡融合发展、提升农民生活水平、保护生态环境等具有不可替代的作用。

书中对实施乡村振兴战略的总体要求进行了深入探讨,涵盖了产业兴旺、生态宜居、乡风文明、治理有效、生活富裕等多个方面。产业兴旺是乡村振兴的重点,只有产业发展起来,乡村才能有持续的经济活力。生态宜居是关键,优美的自然环境和良好的生态条件是乡村的宝贵财富,也是人们向往乡村生活的重要原因。乡风文明是保障,传承和弘扬优秀传统文化,培育文明乡风,能够提升乡村的精神风貌。治理有效是基础,良好的乡村治理体系能够确保乡村社会的和谐稳定。生活富裕是根本,让农民过上富足的生活是乡村振兴的最终目标。这些要求相互关联、相辅相成,共同构成了乡村振兴的宏伟蓝图。

驻村第一书记制度作为推动乡村振兴的重要力量,在本书中有详细的阐述。从概念界定到发展历程,再到实践经验总结,让读者对这一制度有了更全面的认识。驻村第一书记们肩负着重大的使命和责任,他们深入乡村基层,成为连接党和人民群众的重要桥梁。他们以坚定的信念、务实的作风和创新的精神,为乡村的发展贡献自己的力量。

驻村第一书记在乡村振兴中发挥多方面的重要作用。他们助推乡村组织振兴,提升村级党组织的组织力,推进村级党组织有效运行,推动党组织引领村级各类组织发挥作用。通过加强基层党组织建设,为乡村振兴提供坚强的政治保障。他们领航乡村产业发展,从乡村基本经营制度到新型农业经营主体,从发展农村集体经济到构建乡村产业体系,从推动乡村新产业、新业态发展到促进科技与农业高新产业结合,再到推动"一村一品"与县域经济发展,全方位为乡村经济注入新的活力。他们呵护生态文明之美,保护自然生态系统,牢牢守住18亿亩耕地红线,打造生态农业良性循环体系,大力推进乡村环境治理,确保粮食安全,让乡村成为生态宜居的美丽家园。他们弘扬乡村文化精髓,传承乡村优秀传统文化,构建乡村公共文化体系,培育社会主义现代化文明乡风,加强乡村文化阵地建设,打造一流乡村文化队伍,提升乡村的文化软实力。他们夯实乡村治理基石,通过自治、法治与德治相结合,建设平安乡村,化解矛盾纠纷,实现共建共治共享,构建和谐稳定的乡村社会。他们引领多维度乡村人才培育,加快培育生产经营人才、农村二三产业发展人才、乡村公共服务人才、乡村治理人才和农业农村科技人才,建立健全乡村人才振兴机制,为乡村的可持续发展提供人才支撑。

本书还探寻了驻村第一书记的工作方法与艺术,为他们更好地履行职责提供了有益的指导。在实践中,驻村第一书记们面临着各种复杂的情况和挑战,需要不断探索创新,提高工作效率和质量。本书通过总结经验、分享案例,力求为他们提供参考和借鉴。

在编写本书的过程中,虽竭尽全力,但由于时间和水平有限,书中难免存在不足之处,恳请广大读者批评指正。让我们共同为实现乡村振兴的伟大目标而努力奋斗,让乡村成为充满希望和活力的美丽家园。

目 录

第一章　乡村振兴战略概述 ······· 1
　第一节　乡村振兴战略提出的背景 ······· 1
　第二节　实施乡村振兴战略的重大意义 ······· 14

第二章　实施乡村振兴战略的总体要求 ······· 20
　第一节　产业兴旺是实施乡村振兴战略的重点 ······· 20
　第二节　生态宜居是实施乡村振兴战略的关键 ······· 23
　第三节　乡风文明是实施乡村振兴战略的保障 ······· 25
　第四节　治理有效是实施乡村振兴战略的基础 ······· 28
　第五节　生活富裕是实施乡村振兴战略的根本 ······· 32

第三章　驻村第一书记制度概述 ······· 36
　第一节　驻村第一书记相关概念界定 ······· 36
　第二节　驻村第一书记制度的发展历程 ······· 39
　第三节　驻村第一书记制度实践的经验总结 ······· 44

第四章　驻村第一书记：助推乡村组织振兴 ······· 48
　第一节　提升村级党组织组织力 ······· 48
　第二节　推进村级党组织有效运行 ······· 50
　第三节　推动党组织引领村级各类组织发挥作用 ······· 51

第五章　驻村第一书记：领航乡村产业发展……54
第一节　乡村基本经营制度……55
第二节　新型农业经营主体……61
第三节　发展农村集体经济……64
第四节　乡村基础产业体系……68
第五节　乡村新产业、新业态……73
第六节　科技与农业高新产业发展……77
第七节　"一村一品"与县域经济发展……81

第六章　驻村第一书记：呵护生态文明之美……85
第一节　保护自然生态系统……86
第二节　牢牢守住18亿亩耕地红线……89
第三节　打造生态农业良性循环体系……93
第四节　大力推进乡村环境治理……97
第五节　确保粮食安全……100

第七章　驻村第一书记：弘扬乡村文化精髓……104
第一节　传承乡村优秀传统文化……105
第二节　构建乡村公共文化体系……107
第三节　培育社会主义现代化文明乡风……110
第四节　加强乡村文化阵地建设……114
第五节　打造一流乡村文化队伍……117

第八章　驻村第一书记：夯实乡村治理基石……120
第一节　自治、法治与德治……121
第二节　建设平安乡村……124
第三节　矛盾纠纷化解……127
第四节　共建共治共享……130

第九章 驻村第一书记:引领多维度乡村人才培育 ……………… 135
  第一节 加快培育生产经营人才 ……………………………… 135
  第二节 加快培养农村二、三产业发展人才 ………………… 139
  第三节 加快培养乡村公共服务人才 ………………………… 142
  第四节 加快培养乡村治理人才 ……………………………… 145
  第五节 加快培养农业农村科技人才 ………………………… 148
  第六节 建立健全乡村人才振兴机制 ………………………… 151

第十章 驻村第一书记:探寻工作方法与艺术 …………………… 154
  第一节 方法要点 ……………………………………………… 154
  第二节 方法指导 ……………………………………………… 157

参考文献 …………………………………………………………… 169

第一章 乡村振兴战略概述

第一节 乡村振兴战略提出的背景

一、实施乡村振兴战略是新时代我们党作出的庄严承诺

我们党始终高度重视"三农"工作,在不同的历史阶段提出了不同的发展战略。党的十六大提出统筹城乡发展,十六届五中全会提出建设社会主义新农村;党的十七大提出建立以工促农、以城带乡长效机制,形成城乡经济社会发展一体化新格局;党的十八大提出要推动城乡发展一体化。进入新时代,我们党提出乡村振兴战略,是长期以来农业农村发展由量变到质变、由渐进性变革到革命性变革的历史必然,也是决胜全面建成小康社会、全面建成社会主义现代化强国的历史必然。其根植于新时代的历史背景和一脉相承的理论指引,具有明确的目标任务和清晰的战略定位,是我们党作出的新时代的管长远、管根本、管全局的庄严承诺。

第一,实施乡村振兴战略是新时代我们党对"三农"工作战略导向调整的现实承诺。改革开放后,我国经济社会取得了跨越式发展,人民生活水平日益提高,为我国迈步进入新时代奠定了坚实的基础。一方面,中国特色社会主义进入新时代的物质基础逐步完备。我国综合国力迈上了新台阶,经济总量居世界第二位,对世界经济增长贡献率超过30%,成为世界第一进出口贸易大国和外汇储备大国,世界第一工业制造业大国,粮食、肉类、水产品产出量世界第一,人均占有量超过世界平均水平,这些都为实施乡村振兴战略提供了坚实的物质基础。另一方面,新时代我国社会主要矛盾已经转化为人民日益增长的美好生活需要和不平衡不充分的

发展之间的矛盾,城乡发展不平衡、农村发展不充分是矛盾的突出表现,迫切需要调整战略导向,坚持农业农村优先发展,大力实施乡村振兴战略。

第二,实施乡村振兴战略是我们党对"两个一百年"奋斗目标战略节点的乡村建设承诺。党的十九大对全面建成社会主义现代化强国作出了"两个阶段"的总体部署。乡村振兴战略定位、目标任务与实现中华民族伟大复兴和21世纪中叶实现建成富强民主文明和谐美丽的社会主义现代化强国的历史使命高度一致。2020年,全面建成小康社会取得伟大历史性成就,乡村振兴取得重大进展,城乡融合的体制机制和政策体系基本建立;从2020年到2035年,基本实现社会主义现代化,乡村振兴要取得决定性进展,农业农村现代化目标基本实现;从2035年到2050年,全面建成社会主义现代化强国,乡村全面振兴,农业强、农村美、农民富全面实现。因此,乡村振兴事关国计民生,关系到社会主义现代化的基本实现,关系到富强民主文明和谐美丽的社会主义现代化强国的如期建成,是全党工作的重中之重。

第三,实施乡村振兴战略是我们党对"三农"工作长期性系统性全方位的目标任务承诺。乡村振兴全方位覆盖了农村经济、政治、文化、社会、生态文明以及党建,是一项长期性、系统性工程。从目标任务上看,实施乡村振兴战略的"产业兴旺、生态宜居、乡风文明、治理有效、生活富裕"20字总要求凸显了生产、生活、生态的统筹安排,是"五位一体"总体布局在乡村发展上的具体化表现,它们各有侧重、紧密联系、相互作用、相互促进,共同构成了一个有机统一的整体。从实施路径上看,统筹产业、人才、文化、生态、组织五大振兴,走城乡融合、共同富裕、质量兴农、绿色发展、文化兴盛、乡村善治和中国特色减贫七条中国特色乡村振兴道路。目标清晰、任务完整,囊括了农业农村工作的各个方面,不留死角。

第四,实施乡村振兴战略是我们党对"三农"问题的革命性发展解决方案的承诺。进入21世纪以来,我们通过以城带乡、以工促农,在一定程度上避免了工农差距、城乡差距的不断扩大。但长期以来城乡二元体制机制根深蒂固,农业农村农民发展滞后,特别是农村现代化跟不上城市现代化进程,一些农村地区出现青壮年人口锐减、基础设施衰败、发展后劲不足等迹象。乡村振兴战略的革命性,在于摆脱传统工业化、城镇化主导模式,重新赋予"三农"新的功能定位。由过去单一的农业现代化目标拓展到农业农村现代化目标,由关注农业向关注农民、农村全面延伸,把乡村和城镇"两碗水"端平,赋予平等的发展权利。通过实施乡村振兴,系统推动城乡、工农融合发展,使中国长期存在的城乡二元机制得以破除。我们坚信,乡村振兴之日,即城乡二元体制机制矛盾和问题解决之时。乡村振兴充分体现了彻底性和革命性。

二、我国实现两个百年目标的重要薄弱环节仍然在农业农村

当前我国最大的不协调是城乡发展差距巨大,经济社会发展不协调,农业与农村仍是社会发展的一大短板。

第一,国际市场上,农业基础竞争乏力。在国际农产品市场的不确定性加强、发达国家筑起贸易壁垒的影响下,我国农产品在国际市场上遭受了巨大的冲击。首先,农产品成本不断抬头。与国际上主要农产品出口国相比,我国农产品成本较高且居高不下。以玉米为例,2018年美国每吨玉米的生产成本仅为962.31元,而同期中国每吨玉米的生产成本是美国的2.21倍,为2125.99元。成本不断抬升的主要原因首先是农产品隐性成本的显性化。规模农业经营主体开始租用土地和雇用工人的同时,以往"隐藏"的劳动力和土地成本开始显露并计入会计成本。其次是农产品供给结构性失衡。随着居民消费的提档升级,需求的多样化、个性化凸显,进口农产品供不应求,国内自产农产品陷入了"存不下、销不动"的窘境。

第二,农业供给质量和效益有待提高。我国粮食产量已连续五年超过6500亿千克,基本告别农产品总量短缺的时代。我国农产品供给呈现出相对过剩与短缺交替出现的局面,在农产品消费结构升级,消费需求呈

现个性化、多样化、多功能性趋势的背景下,我国农业结构亟待调整,供给质量和效益亟待提高。当前,涌现了一大批新技术、新产业、新业态、新商业模式,例如,电商作为一种新业态,大部分县域都鼓励农村发展电商。然而,农产品电商发展并不及预期。农业农村信息化发展规划中曾提出,到2020年年底实现农业电商销售额占总产值8%的目标,但2018年仅实现了2.0%,增速低于预期已是既定事实。其他新技术、新产品、新业态也面临着增速低于预期的情况,仍然依赖投入,尝试主体较少,点状发展难以形成规模经济效应。

第三,城乡差距仍然较大。城乡差距最显著的表现在收入差距上,2018年农村居民人均可支配收入仍然仅为城镇居民的37.2%,2019年城乡居民收入比虽已经缩小为2.64:1,但是,城乡居民人均可支配收入的绝对差距已达26338元。实际上,城乡收入差距只是一个方面,长期二元发展格局,造成城乡间在资金、科技、土地、人才等要素配置方面严重不均衡,要素单向流动,格局较为固化。鉴于农业高风险低收益、乡村就业低水平临时性、农村生活方式单一、基础设施落后等特征,农村优质资源源源不断地向城市集聚。优质生产要素是农业农村发展的有力支撑,伴随着优质要素的不断转移,乡村衰落成为我国现代化进程中和乡村振兴战略实施中的重大挑战。

第四,农业农村基础设施和社会公共服务发展滞后。一是农村基础设施建设亟待提档升级。第三次农业普查数据显示,2016年我国尚有38.1%的村内主要道路没有路灯,52.3%的农村居民没有净化处理后的自来水,52.2%的农户手机没有连接互联网,44.2%的农户仍使用柴草做生活能源,多数村庄没有符合村庄特点的垃圾、污水处理设施等。农村现在的物质基础条件仍不能满足农民生产生活的需求,基础设施亟待完善。二是农村基本公共服务历史欠账较多。农村基本公共服务的制度框架已搭建,但还存在标准较低、覆盖不全等问题。根据第三次全国农业普查数据,2016年全国仍有33.2%的乡镇没有社会福利收养性单位;3.5%的乡镇没有幼儿园;58.7%的村没有农民业余文化组织;近41%的村没有体育健身场所。农村的公共服务体系没有得到完善和统一,容易导致城乡差距的进一步拉大,进而阻碍城乡一体化的步伐。

第五,资源环境承载力已达到或接近"天花板"。我国农业发展始终不可避免地承载资源环境的巨大压力。一是可耕地面积持续减少。当前,我国不少土地资源已不适合粮食生产。目前有3亿亩耕地遭受汞、铅、铜、砷、镉、镍等重金属污染,每年因重金属导致污染的粮食达1200万吨,直接经济损失超过200亿元。二是农业环境污染严重。2018年,我国化肥每亩用量远超国际公认的亩均15千克的安全上限,高达每亩27.89千克。农药亩均用量超过0.74千克,农用地膜使用量突破246.48万吨,残留率高达40%。大量使用农药化肥,导致土地肥力、产出率下降,农业环境污染日益严重。三是水资源过度开发。我国许多地区水资源过度开发问题较为突出,尤其是华北地区和西北地区。目前华北地区地下水超采累计亏空1800亿立方米,超采的面积达到了18万平方千米,约占平原地区面积的10%。

第六,农村空心化、老龄化现象蔓延。第三次农业普查数据显示,2018年城镇人口数量超过农村人口数量的47.40%,表明农村青壮年劳动力大规模向城镇转移,农村劳动力短缺情况日益严重。一方面,农业吸引力下降,青年农民务农积极性明显下降,大量转移到第二产业、第三产业,农村空心化问题日益凸显。2018年国家统计局的人口普查数据显示,农村60岁以上老年人口的比例已达15%,农村老年人口达1亿人,农村老龄化问题尤为突出。另一方面,我国农村劳动力受教育程度低,思想跟不上形势,"小富即安"的小农思想根深蒂固,由于农业青壮年劳动力短缺,老龄农民科学素质不高,难以适应农业农村现代化的要求。农村人力资本匮乏对农村发展造成全面系统的影响,加速了农村衰退、农业边缘化。

三、我国已具备实施乡村振兴战略的基础和条件

第一,习近平总书记关于"三农"工作的重要论述是实施乡村振兴战

略的理论遵循。党的十八大以来,习近平总书记就做好"三农"工作作出一系列重要论述,提出一系列新理念、新思想、新战略,这些重要论述为实施乡村振兴战略提供了重要的理论遵循。

一是习近平总书记重要论述科学回答了"三农"工作重大理论和实践问题。党的十八大以来,习近平总书记站在战略和全局的高度,从全面建成小康社会和实现中华民族伟大复兴的中国梦宏伟目标出发,尤其高度重视"三农"工作,强调要始终把解决"三农"问题放在全党工作重中之重的位置,针对农村改革发展面临的新情况、新问题,提出了关于"三农"发展的一系列新思想、新论断和新要求。特别是习近平总书记在2013年12月23日中央农村工作会议上的重要讲话和2016年4月25日在安徽省凤阳县小岗村召开的农村改革座谈会上的重要讲话,对中国的"三农"问题和政策方向进行了全面阐述和系统论断,也是从那时起,真正形成了习近平总书记"三农"理论体系的"四梁八柱"。习近平总书记"三农"理论的内容主要涉及"三农"工作的重要地位、稳定和完善农村基本经营制度、国家粮食安全、中国特色农业现代化、城乡融合发展的体制机制、农村生态文明建设、深化农村改革、新农村建设、乡村振兴扶贫开发与脱贫攻坚、加强和改善党对农村工作领导的十大领域,覆盖农业农村工作的方方面面。既有对农业农村发展长远的战略谋划,对"三农"工作全局定位的宏观阐释,也有对农村基本制度等重大问题的深刻思考,对具体工作方式方法的实践指导。

二是习近平总书记重要论述指明了实施乡村振兴战略的目标路径和努力方向。当前,实施乡村振兴战略已凝聚成全党全社会的共识。在党的十九大报告中,习近平总书记首次提出要实施乡村振兴战略,指出"农业农村农民问题是关系国计民生的根本性问题,必须始终把解决好'三农'问题作为全党工作重中之重",并强调要坚持农业农村优先发展,以20字总要求为根本遵循,加快推进农业农村现代化。"三农"问题在我国具有特殊的历史和现实意义。在不同的历史时期,如果处理好"三农"问题,我们的事业就会顺利推进,社会主义现代化建设就会取得长足发展;

如果不能正确处理"三农"问题,我们的事业就会遭受挫折。在"三农"工作的重要性方面,习近平总书记提出,"三农"问题始终是贯穿我国现代化建设和实现中华民族伟大复兴进程中的基本问题,我们必须坚持把解决好"三农"问题作为全党工作重中之重,始终把"三农"工作牢牢抓住、紧紧抓好[①];"把解决好'三农'问题作为全党工作重中之重,是我们党执政兴国的重要经验,必须长期坚持、毫不动摇"。这是从根本上清晰地阐述了"三农"工作在经济社会发展全局工作中的明确定位:"三农"问题是中国未来发展和实现百年发展目标中无论如何也绕不过去的重大战略性问题。

党的十九大以来,习近平总书记就实施乡村振兴战略作出了一系列重要论述。在2017年年底召开的中央农村工作会议上,习近平总书记系统阐述了实施乡村振兴战略的重大意义和深刻内涵:重塑城乡关系,走城乡融合发展之路;巩固和完善农村基本经营制度,走共同富裕之路;深化农业供给侧结构性改革,走质量兴农之路;坚持人与自然和谐共生,走乡村绿色发展之路;传承发展提升农耕文明,走乡村文化兴盛之路;创新乡村治理体系,走乡村善治之路;打好精准脱贫攻坚战,走中国特色减贫之路。2018年全国两会期间,习近平总书记在参加内蒙古、山东等代表团审议时,反复强调实施乡村振兴战略是一篇大文章,要统筹谋划,科学推进,推动乡村产业、人才、文化、生态、组织五大振兴,推动乡村振兴健康发展。2018年4月底,习近平总书记在湖北考察时明确指出,要加快构建现代农业产业体系、生产体系、经营体系,把政府主导和农民主体有机统一起来,充分尊重农民意愿,激发农民内在活力,教育引导广大农民用自己的辛勤劳动实现乡村振兴。

三是习近平总书记重要论述阐释了实施乡村振兴战略的历史观和内在规律。习近平总书记的"三农"工作系列论述,强调了从实施乡村振兴战略到实现乡村振兴是个渐进的过程,要有战略定力。要真正实施好乡

---

① 习近平.在中央农村工作会议上的讲话(2013年12月23日),十八大以来重要文献选编(上)[M].北京:中央文献出版社,2014:658.

村振兴战略,就要统筹考虑城乡之间、农村内部的关联,妥善处理好"两个协调"的重大关系:一是城镇和乡村之间的发展协调问题,二是农业农村发展中重大关系的协调问题。习近平总书记多次用了"两个历史耐心",对如何处理好这两个关系作了明确阐述。在城乡协调发展的关系方面,他指出,"在人口城镇化问题上,我们要有足够的历史耐心。世界各国解决这个问题都用了相当长的时间。但不论他们在农村还是在城市,该提供的公共服务都要切实提供,该保障的权益都要切实保障"①。在乡村内部的协调发展方面,他强调,"农村土地承包关系要保持稳定,农民的土地不要随便动。农民失去土地,如果在城镇待不住,就容易引发大问题。这在历史上是有过深刻教训的。这是大历史,不是一时一刻可以看明白的。在这个问题上,我们要有足够的历史耐心"②。这"两个历史耐心"实际上讲的是一个问题的两个方面,即在实施乡村振兴战略的过程中如何处理好农民和土地的关系。真正实现土地的规模经营,真正实现农业的现代化,真正实现人口的城镇化,是需要时间和条件的,这些牵涉中国农业农村的根本性问题,要从大历史观的角度加以认识,并在城市产业发展、社会保障覆盖、农村劳动力有效转移等条件逐步成熟后,才真正有可能解决中国的"三农"问题。

第二,我国已经具备了实施乡村振兴的物质基础和制度保障。

一是改革开放以来,我国物质支持基础不断夯实。经过改革开放以来的持续快速发展,我国经济实力跃上了新台阶,工业化、城镇化水平不断提高。2018年,国内生产总值突破90万亿元,人均64644元;全国财政一般公共预算收入达到18.34万亿元,同比增长6.2%;全国的财政收入是1978年1132亿元的162倍。这些都为支持农业农村发展提供了坚实的物质条件基础。

---

① 习近平.在中央城镇化工作会议上的讲话(2013年12月12日),十八大以来重要文献选编(上)[M].北京:中央文献出版社,2014:595.
② 习近平.在农村改革座谈会上的讲话(2016年4月25日),论坚持全面深化改革[M].北京:中央文献出版社,2018:259-260.

从产业结构看,我国三大产业结构逐步优化,呈现出"三二一"的态势。第一产业所占比重从1978年的28.2%下降至2018年的7.2%,农业产业的增加值已经降到10%以下。与之相对应的是,第二产业和第三产业的增加值已经分别占到GDP总量的40.7%和52.2%。这些产业的转型升级一方面反映了我国已经建立起了较为完整的工业生态体系,工业结构得到进一步优化,可以为农业生产、农村发展提供更好、更广和更坚实的支持;另一方面促进了需求结构的调整,进一步激发了居民对农村生态产品、优质农产品、农村文化产品等功能性产品的需求,为农业农村进一步发展新型产业提供了宝贵机遇。

从人口的城乡结构看,2018年我国的常住人口城镇化率达到了59.58%,城镇化水平不但超过一半,而且在进一步提高。城镇就业人员比重达到55.96%,农村劳动力转移进程仍在继续。城镇人口和在第二产业和第三产业就业的人口逐步成为"多数"和"大头",这不仅在微观上更有能力支持农业和乡村这个"少数",而且使乡村相对城市反而成为"价值洼地",在更多层面和领域充满了机遇,对人才、资金、技术等生产要素的吸引力也在不断加大。

从外部条件看,市场配置资源的能力不断增强,乡村的文化价值功能更加凸显。随着我国社会主义市场经济的建立及不断完善,市场机制成为配置资源的重要力量,很多时候发挥了决定性作用。与此同时,市场制度的规范建设也取得了很大进展,制定了一大批保障市场机制有序运行的法律、法规、政策、规章。市场配置资源一方面要求资源有一定的稀缺性,另一方面要有得到信息的手段。我国高速交通网络和互联网的发展迅速降低了信息传播成本,乡村发展受制于空间距离的局限性正在减弱,而农村较低的土地成本、劳动力成本、经营成本等优势正在显现,使对乡村功能的发现与开发变为现实。并且乡村的文化价值也在不断显现。中国的农业文明从来都是中华文明的鲜明标签,彰显着中华民族的思想智慧和精神追求,塑造了中华民族最根本的文化基因。现在很多人都有浓厚的乡村情结,不仅文人墨客、艺术家关注农村,普通市民也开始崇尚自然、向往农村,很多人都有回报家乡的强烈愿望。

二是党的十八大以来我国农业农村取得了巨大成就。改革开放以来,我国农业农村发生了翻天覆地的变化。特别是党的十八大以来,在国际政治经济风云变幻、国内经济下行压力加大的情况下,党中央加强集中统一领导,保持战略定力,农业农村工作取得了巨大成就,发生了重要变革,为稳住经济社会发展大局起到了"压舱石"和"稳压器"作用,为党和国家工作大局赢得了战略主动。

粮食生产能力登上新台阶,农业供给侧结构性改革迈出新步伐。截至2018年年底,粮食总产量已经连续5年超过6000亿千克,2018年高达6579亿千克,农业综合生产能力得到进一步巩固提高。近年来,由于我国玉米、水稻等重要农产品生产成本快速攀升,国内价格大幅高于国际市场,玉米及其替代品、大米、大豆等产品进口快速增加,形成了"洋货入市、国货入库"的局面,出现了粮食产量、进口、库存三量齐增的非正常现象。与此同时,财政压力也陡然加大。针对这种情况,我国启动了农业供给侧结构性改革。目前来看,这一改革已初见成效。各地坚持以市场需求为导向,着力调整优化农业结构,缩减玉米种植面积5000万亩,扩充大豆种植面积1600万亩;全国近2/3的生猪已实现规模化养殖,家禽存栏占比达到73.9%;科技贡献率达到56%以上,农药、化肥等投入量开始下降;绿色生态、优质、安全的农产品生产和供给明显增加。

农民收入持续增长,城乡居民收入差距持续缩小。全国居民人均收入增长加快,农村居民人均收入增长快于城镇居民。2013年农村居民人均纯收入为8896元,到2018年,农村居民人均可支配收入达到14617元。由于农民收入增长速度快于城镇居民,城乡居民人均可支配收入的比值从2013年的3.03∶1下降到2018年的2.69∶1。农民工的变化情况,也反映出农村对农民工的推力开始减弱,拉力作用逐步显现。从2006年开始,随着新农村建设被提上议事日程,各级政府财政对农业农村投入大幅增加,农业生产基础设施、农民生活条件都得到了较快改善,互联网、高速公路、铁路、智能手机的普及也加速了这一进程。根据国家统计局抽样调查结果，2013年全国农民工总量26894万人，同比增长2.4%。其中，外出农民工16610万人，增加274万人，增长1.7%；本地农民工10284万人，增加359万人，增长3.6%。到了2018年，农民工总量为28836万人，虽然在数量上仍在增加，但增长幅度大大趋缓，仅为0.6%。其中，本地农民工11570万人，增长0.9%；外出农民工17266万人，增长0.5%。农民工月均收入水平3721元，比上年增长6.8%。这些数据反映出，2006年开始的新农村建设初见成效，农村生产生活条件有所改善，全国区域平衡协调发展能力进一步加强，区域性大的产业就业差别有减弱的趋势，农民工更倾向于在本地附近就业。

脱贫攻坚取得决定性进展，创造我国减贫史上的奇迹。党的十八大以来，我国创造了世界减贫史上的最好成绩。截至2020年底，现行标准下9899万农村贫困人口全部脱贫，832个贫困县全部摘帽，12.8万个贫困村全部出列。全面实现"两不愁三保障"，脱贫群众不愁吃、不愁穿，义务教育、基本医疗、住房安全有保障，饮水安全也都有了保障。2000多万贫困患者得到分类救治，近2000万贫困群众享受低保和特困救助供养，2400多万困难和重度残疾人拿到了生活和护理补贴，110多万贫困群众当上护林员，守护绿水青山，换来了金山银山。贫困地区农村居民收入水平显著提高，人均可支配收入，从2013年的6079元增长到2020年的12588元，年均增长11.6%，2020年底，全国贫困村的村均集体经济收入超过12万元。

农村生态文明建设显著加强，乡村生态环境得到明显改善。农村除了具有生产功能、为全社会提供必需的农产品以外，农业农村的生态功能也越来越突出，现在已经到了引起全社会高度关注的阶段，广大乡村日益成为城市发展的绿色生态屏障。近五年来，中国完成造林5.08亿亩，森林面积达31.2亿亩，森林覆盖率达21.66%，森林蓄积量达151.37亿立方米，成为同期全球森林资源增长最多的国家。按照习近平总书记提出的"绿水青山就是金山银山"的要求，国家进一步加大对农业生态环境的保护和整治力度。通过提质增效，在农村地区发展节水农业，农田灌溉水利用系数明显提高,从1998年的0.4提高到0.52。同时,在化肥农药施用情况方面,截至2018年,全国农药使用量已连续3年负增长,化肥使用量实现零增长。在种养结合方面,畜禽粪污综合利用率达到60%以上,秸秆资源综合利用率达到82%,农膜回收率达到60%,耕地轮作休耕试点面积增加到3000万亩。

农村党建工作明显增强,农村社会保持稳定和谐。基层服务型党组织建设得到加强,"两覆盖"明显扩大,党组织的领导核心作用得到强化。民主化、网络化、网格化、精细化管理普遍推行,农村社会服务管理模式不断创新,社会化程度不断提高。民主渠道进一步畅通,基层协商制度化、规范化和程序化水平明显提高。村务监督委员会普遍建立,基层党风廉政建设形成新气象。社会治安防控、食品药品安全、安全生产、防灾减灾、环境保护与治理等方面的体制机制得到创新完善,平安建设深入推进,农村社会保持安定有序。文明村镇创建和诚信制度建设大力推进,村规民约等行为准则焕发出新的活力,乡风、村风、家风建设得到加强。

第三,社会主义新农村建设为实施乡村振兴战略创造了鲜活的实践经验。从2006年党中央提出进行社会主义新农村建设到2020年提出实施乡村振兴战略已经有15个年头。从实践看,这15年的社会主义新农村建设加大了对农村的资金投入,大大改善了农村的基础设施状况,取消了农业税,建立了农村义务教育免费、社会保障、新农合等一批促进城镇公共服务向农村覆盖的制度,使农村基本面貌有了很大改善。各地积极探索乡村振兴的有效路径,积累了大量宝贵经验。

例如,浙江省从2003年就开始实施"千村示范、万村整治"工程并取得了很好的成效。当时浙江工业化、城镇化迅猛发展,经济水平跃居全国前列,但浙江农村经济社会发展不协调的问题比较突出。为尽快改变当时浙江农村普遍存在的"脏、乱、散、差"的状况,2003年6月,浙江省委、省政府在全省范围内对1万个左右的行政村进行全面整治,并且集中整治了其中1000个左右的中心村,以这1000个中心村为模板,打造全面小康示范村。从2008年起,浙江每年新建100个镇乡级污水集中处理厂,到2012年年底,基本实现了全省、镇、乡污水集中处理厂全覆盖。2013—2015年,浙江全省70%的县达到了"美丽乡村"的目标,到2018年年初,全省2.7万多个村实现了村庄整治全覆盖。在实施"千万工程"的过程中,浙江省委、省政府结合浙江自然差异和经济差异大的特点,从实际出发,始终强调不搞"一刀切",不能千篇一律,讲究因地制宜。同时,正确处理好保护历史文化与村庄建设的关系,处理好发展产业与保护生态的关系。对有价值的古村落、古民居和山水风光进行合理开发利用,使传统文明与现代文明交织融合。通过落实习近平总书记"绿水青山就是金山银山"的指导思想,在保护生态中发展产业,浙江省通过陆续设立农业产业化扶持资金、财政预算内农业投入资金翻倍增长、设立驻村特派员和指导员制度等措施,帮助村庄实现自我造血、持续发展,达到保护环境生态与促进经济发展、提高农民收入的双赢局面。

再如,江西余江的宅基地制度改革对欠发达地区典型农业县有很好的示范作用。余江是江西传统的农业县,2015年3月被确定为全国宅基地制度改革试点县,2016年9月又承担了集体经营性建设用地入市和征地制度改革试点任务。江西余江的宅基地制度改革重点在于把握住了农村工作的规律和特点,从群众中来、到群众中去,坚定不移地走群众路线。改革前,余江"一户多宅"现象普遍存在,农村的"空心化"趋势明显,闲置住宅造成很大浪费。与这些现象并存的是新增农户的宅基地取得困难,违法违规建房屡禁不止,宅基地管理缺位严重,村民自治主体作用发挥不充分,农民想改但改不动,村庄建设布局、道路设施、环境卫生等情况严重恶化。由于涉及千家万户,因此,宅基地制度改革在这种局面下,既很敏感,也很棘手,当地根据农村实际采取"国家定政策、县里出办法、村里议规则"的措施,主要从五个方面进行试点:一是开展入户调查,彻底摸清试点地区的宅基地使用和管理现状,编制完善试点地区村级土地利用规划,严格建房管理;二是对"一户一宅"的"户"和一户应当享有的法定面积进行界定,并采取了"有偿无偿退出和有偿使用"的多种取得方式,特别是针对面积超标、非本集体经济组织成员的、初次取得宅基地需要择位竞价的等情况,均采用有偿使用的办法,体现了集体经济组织的宅基地所有者权益;三是将宅基地流转严格限定在本集体经济组织成员内部,并将转让后的流转收益分为房屋收益和宅基地收益,在集体经济组织和原宅基地使用者之间合理分配[①];四是成立村民事务理事会等组织主体,将村民之间的宅基地取得、退出、补偿、拆除等具体问题交由村民事务理事会自行讨论解决,明确村民事务理事会为实施主体、村委会为责任主体、乡镇政府为指导协助主体的角色定位;五是将宅基地制度改革与美丽乡村建设紧密结合,宅基地制度改革一旦取得突破,乡村环境就得到了大幅改善,绿化、美化、亮化、硬化被提到日程上来,促进农业发展现代化、基础设施标准化、公共服务均等化、农村治理规范化。

事实上,在推动地方一二三产业融合、农业社会化服务体系覆盖、开展脱贫攻坚工作、基层党组织建设等方面,各地都涌现出了很多行之有效的办法和措施。比如,"中央统筹、省负总责、市县抓落实"的工作机制,是经脱贫攻坚实践证明行之有效的做法,实施乡村振兴战略也可以继续实行这样的工作机制,不断总结经验进行推广。再如,向贫困村选派第一书记、派驻扶贫工作队等加强人才支持的做法,对软弱涣散村、集体经济薄弱村等乡村振兴也是适用的。当下,乡村振兴战略实施的基本条件均已具备,要按照党中央的决策部署,顺势而为,主动作为,不失时机地向前推进,推动农业全面升级、农村全面进步、农民全面发展,努力谱写新时代乡村全面振兴新篇章。

第二节 实施乡村振兴战略的重大意义

从农村发展看,当前我国农村正面临千年未有之变局。随着城镇化进程的加快,我国农村青年人口大量向城市转移,农村地区空心化趋势日益严重,越来越多的村落变成无人村、荒村。原有的治理模式在当下已不

---

① 王静.渐进性农村股份合作制改革的路径分析[J].农业经济问题,2017,38(4):23—29,110.

再适用,必须加快探索农村新的发展模式、治理模式,迫切需要实施乡村振兴战略。从经济发展看,改革开放至今,我国经济总水平取得了跨越式发展。作为世界第二大经济体,工业化、城镇化水平已发展到了较高阶段,为工业反哺农业、城市支撑乡村提供了坚实的物质条件基础。从社会发展看,乡村如今凸显多种功能价值,越来越多的城市居民选择到乡村居住、旅游、出行,乡村的振兴对于化解当下一些大城市病具有无可比拟的重要作用。从国际经验看,乡村衰则国衰,乡村兴则国兴,只有正确处理好工农、城乡关系,才能有效助推乡村振兴和中华民族伟大复兴的中国梦的实现。

党的十八大以来,在以习近平同志为核心的党中央坚强领导下,全国上下坚持把解决好"三农"问题作为全党工作的重中之重。在农业上,逐步推进现代化农业建设,高标准农田建设,粮食生产能力不断提升,农业供给侧结构性改革不断推进,农业的发展取得了重要成就。在农村中,主动实施宜居美丽乡村建设,积极推动农村垃圾处理、污水处理、"厕所革命"等工作开展,农村民生、人居环境不断改善,农村生态文明建设成果凸显;在农民内部推行自治、法治、德治相结合的治理模式,治理有效、乡风文明的新型乡村初见雏形,农民的获得感显著提升。乡村振兴战略的实施,充分体现了党中央对广大人民内心渴求的深刻洞察,对重大历史契机的准确把握,可谓正当其时。

一、实施乡村振兴战略是应对新时代我国社会主要矛盾转化的客观需求

党的十九大报告提出,进入新时代,社会主要矛盾已经转化为人民日益增长的美好生活需要和不平衡不充分的发展之间的矛盾。城乡发展不平衡、农村发展不充分已成为我国经济发展的一大制约,城乡差距大是社会主要矛盾的突出表现。1978年我国城镇居民平均收入为343元,农村居民平均收入为134元,到2018年,城镇居民平均收入已快速增长至

39251元,农村居民平均收入虽然也有增加,但增速明显低于城镇居民,仅增长至14617元,城镇居民收入与农村居民收入相对差距从2.56∶1扩大到2.69∶1。同时在基础设施和公共服务方面,农村与城镇的差距越来越大,几乎没有可比性。如果城乡差距继续扩大,农村越来越贫穷,空心化越来越严重,城市越来越发达,不断挤占农民生存空间,最后即使城镇已经高度发达,但仍然不能算是实现了中华民族的伟大复兴,更不可能完成社会主义共同富裕的崇高理想。实施乡村振兴战略,就是要从根本上解决城乡发展不平衡、乡村发展不充分的问题,更好地满足广大农民群众对美好生活的需要。

二、实施乡村振兴战略是实现"两个一百年"奋斗目标的必然要求

党的十九大报告提出了分阶段实现"两个一百年"奋斗目标的战略安排,2020年,全面建成小康社会取得历史性成就;到2035年,基本实现社会主义现代化;到本世纪中叶,把我国建成富强民主文明和谐美丽的社会主义现代化强国。习近平总书记强调,全面建成小康社会和全面建成社会主义现代化强国,最艰巨最繁重的任务在农村,最广泛最深厚的基础在农村,最大的潜力和后劲也在农村。在决胜全面小康阶段,我们的工作重心应当放在消除绝对贫困上,而在全面建设现代化强国阶段,重心就应当转移到缩小城乡差距之上。2018年中央一号文件明确了实施乡村振兴战略的阶段性目标任务:到2020年,乡村振兴取得重要进展,制度框架和政策体系基本形成;到2035年,乡村振兴取得决定性进展,农业农村现代化基本实现;到2050年,乡村全面振兴,农业强、农村美、农民富全面实现。实施乡村振兴战略并不是一个短期就可达成的任务,而是伴随我国经济社会发展,贯穿全面建设社会主义现代化国家的历史进程中,是一个长期的、历史的、不断跟进的任务,根本目的在于彻底改变我国农村贫困落后的现状,实现农业强、农村美、农民富的新转变。

三、实施乡村振兴战略是构建新时代新型城乡关系的必经过程

在工业化、城市化加速发展阶段,资源优先流向城市和工业,在要素配置和产品市场上均存在对农业农村不同程度的抑制,导致城乡间呈现出较为严重的分割和对立关系,城乡居民收入差距扩大、农村产业发展不充分、基础设施薄弱、社会事业发展滞后、生态环境退化等矛盾不断显现。21世纪以来,中央加大了对农村的扶持力度,虽然在党的十八大和十九大上提出了城乡一体化和城乡融合发展的思路,但政策的重心仍是突出城镇主导和农村从属的地位,更多地强调通过转移支付、城市带动的方式来促进农村的发展,并没有激发农村发展的主观能动性。进入中国特色社会主义建设新时代,经济发展基础条件的变化和社会发展目标的转变客观上要求城乡关系发生变化,由城乡分割向城乡融合转变,形成与新时代生产力发展要求相适应的新型城乡关系。

实施乡村振兴战略,就是把乡村放在与城市同等的地位上,更加注重发挥乡村自身的主动性和内在活力,通过建立健全城乡融合发展的体制机制,实现与城市在发展上的互惠共生、空间上的共融、要素上的双向互动,从而更加有效地推进城乡平衡发展。党的十九大报告提出把乡村振兴战略作为国家发展战略,就是要从根本上改变乡村从属于城市的认知,要求在城镇化进程中绝不能忽视乡村的中心地位和城乡关系的平等地位。因此,实施乡村振兴战略,是解决城乡发展不平衡,促进城乡共同繁荣、构建新型城乡关系的必然过程。

四、实施乡村振兴战略是推进农村"三生"有机融合的重要载体

乡村衰落的重要表征是农村生产、生活、生态功能的全面衰退和恶性循环。在生活与生产之间,农村人居环境恶化,基础设施和公共服务供给能力不足,宜居性不断下降,对乡村人才流入、产业发展造成不利影响;在生产、生活与生态之间,随着乡村产业发展和居民生活方式的转变,部分

地区农村生态环境压力增大,特别是部分产业和人口集聚区,生态环境已经遭到不同程度的破坏,乡村绿色可持续发展面临巨大考验,反过来进一步恶化了农村生活宜居性和产业发展持续性[①]。实现乡村"三生"融合发展,践行"中国要强,农业必须强;中国要富,农民必须富;中国要美,农村必须美"的总体思路,迫切需要实施一项能够全方位涵盖农业生产、农民生活和农村生态治理的战略举措,从根本上改变农业农村发展方式,实现生产、生活、生态"三生"协同发展。

实施乡村振兴战略,坚定打好"三生融合"发展系列组合拳,建设绿色低碳、高效集约、创业创新的生产空间,宜居舒适、平安健康、幸福和谐的生活空间,天蓝水清、山绿地净、城秀乡美的生态空间,将更加有利于加快形成幸福美丽和谐富裕的新乡村。

五、实施乡村振兴战略是实现农业农村现代化的核心举措

信息化从根本上改变了城乡的空间结构和功能关系,而传统的区域、产业发展模式很难适应生产力发展的要求。现代信息技术的广泛运用极大地拓展了乡村发展的可能路径,使乡村功能由为城市提供产品和要素支撑进入了与城市工业互补融合发展的历史阶段。乡村不仅仅是农产品生产基地和要素"蓄水池",其独特的生态环境和生活方式,作为中华文化重要传承和城市精神归属的文化和文明价值将不断显现并亟待合理开发,形成与城市互融共生的乡村经济社会生态系统。但是,由于广大乡村发展基础薄弱,加之城市化进程中对乡村资源的吸附作用,导致乡村发展普遍面临人才、技术、资本等要素不足的问题和体制机制相对滞后的问题,严重阻碍了我国农业农村的现代化进程。

要从根本上破除农业农村发展的阻碍,实现农业农村的全面发展,仅解决某一方面的问题是很难取得成效的,必须通过系统、全面的战略推

---

① 郭晓鸣,张克俊,虞洪,等.实施乡村振兴战略的系统认识与道路选择[J].农村经济,2018(1):11—20.

进,提升发展基础,破除制度阻碍,以整体性战略设计为农业农村发展奠定基础、提供机会。实施乡村振兴战略,深化农业供给侧结构性改革,构建现代农业产业、生产、经营体系,实现农村一二三产业深度融合发展,有利于推动农业提质增效;实施乡村振兴战略,统筹山水林田湖草系统治理,加快推行乡村绿色发展方式,加强农村人居环境整治,实现百姓富、生态美的统一;实施乡村振兴战略,健全乡村治理体系,确保广大农民安居乐业、农村社会安定有序,推进国家治理体系和治理能力现代化。乡村振兴战略正是对农业农村现代化发展迫切要求的有效回应,对实现我国农业农村现代化具有重大战略意义。

中国特色社会主义进入新时代,乡村迎来了千载难逢的发展机遇。在党的领导下,我国民心日益凝聚,综合国力日益增强。如今,我们已经具备足够的能力去打破乡村千百年来衰败之景,完全有条件、有能力、有愿景去实施乡村振兴战略,不断缩小城乡差距、消除两极分化,日益接近共同富裕的社会主义目标,举全国之力,奋力解决"三农"问题,力争早日实现中华民族的伟大复兴。

第二章　实施乡村振兴战略的总体要求

第一节　产业兴旺是实施乡村振兴战略的重点

乡村振兴能否实现，取决于乡村的经济基础和生产力的发展好坏，取决于乡村一、二、三产业是否兴旺发达。不同时期，农村生产力发展的着力点是不同的。"产业兴旺"相对于"生产发展"而言，它的层次更高，寓意更为丰富。党的十九大报告之所以把"产业兴旺"放在实施乡村振兴战略总要求的首位，就是要强调发展农村生产力的第一要务不能动摇。无论是新农村建设，还是乡村振兴，都离不开"产业兴旺"这个重点，因为它既是推进农业农村发展的原动力，也是乡村振兴的前提和重要物质基础。

第一，加快转变农业发展方式的必然要求。改革开放40多年来，在一系列农业政策指导和推动下，农业生产、农村面貌、农民收入都发生了翻天覆地的变化，"三农"工作取得可喜成绩。当前，我国农业农村发展进入了新的历史阶段，随着国内外环境的深刻变化，呈现出新的特点和矛盾，农业发展不仅面临品种供给不能适应需求、竞争力不强等问题，还面临农产品价格封顶、农业生产成本不断抬升、生态资源环境约束趋紧等一系列严峻挑战。面对这些新问题、新挑战，亟待从根本上转变思路，进一步加快转变农业发展方式，从根本上采取切实有效的措施加以解决。

大力提升我国农业产业化水平。农业产业化发展是重塑农业发展模式、重构工农城乡关系的重要力量。针对我国农业整体上仍处于从传统小农经济向现代化农业转型发展的历史性阶段这个客观现实，要实现农业现代化发展，就必须因地制宜地制定好农业产业发展政策。在适合继续发展传统小农经济的地区进一步提高农业专业化生产水平，提高单位农业投入产出水平。在适宜开展农业大机械现代化生产经营发展模式的地区,就一定跳出传统粗放的小规模生产经营方式窠臼,大力推广专业化和标准化的现代化农业发展方式。同时,继续瞄准农业现代化生产方式,因地制宜地借鉴他国先进发展经验,积极采取措施,从根本上改变当前农业小规模、低水平、低效率、机械化程度水平较低的传统粗放生产经营方式。

大力提升农产品质量安全水平。质量安全是现代农业的重要标志。老百姓能不能吃得安全、能不能吃得放心,直接关系到对执政党的信任问题。"民以食为天",食品安全是重大的民生问题。近年来,农业发展提质增效,农产品供给不断优化,更好地满足了广大人民多样化的需求,目前主要农产品监测合格率均保持在96%以上。但也要看到,食品质量和安全控制与发展阶段、发展方式密切相关,确保农产品安全仍然面临着严峻形势。要坚持源头治理和过程管治,既要打造一批农业标准化生产基地,生产一批知名品牌农产品,又要加强农产品流向餐桌的过程管治,不断提高农产品质量安全水平。

大力提升现代化农业综合生产能力。农业综合生产能力是指一个国家或地区在一定时间内在农业再生产过程中形成的农业生产各种要素相对稳定的综合产出水平。提高农业综合生产能力是农业发展的一个重大战略问题,乡村振兴要打好产业兴旺攻坚战,就要注重提升科技在农业的应用程度,转变农业发展方式。同时,培育新型职业农民,发展现代种业,打造一批创新型种子企业,加快农业机械化覆盖。农业信息化也是一个突破口,实施信息入户工程,将互联网应用到农业的方方面面,打造一批"互联网+"现代农业。

第二,进一步调整优化农业产业结构的必然要求。农业产业结构是指在农业生产和发展过程中,各个产业结构实际分配比例及关系,包括生产结构、产品结构、品种结构。改革开放40多年来,我国农业生产得到了较为全面的发展,农业产业结构日趋合理,农产品品质不断提升,农产品供给获得极大充裕,农业农村经济发展继续保持良好势头。人民日益增长的物质文化需要同落后的社会生产之间的矛盾已基本得到解决,我国社会主要矛盾已经转化为人民日益增长的美好生活需要和不平衡不充分的发展之间的矛盾。新的历史时期,正确认识农业产业结构对农业乃至农村发展的重要意义,并以此为根据,不断优化调整农业产业结构,构筑现代农业产业结构体系,这是实现乡村振兴战略的客观要求。

实施乡村振兴战略,应将调整农业产业结构的着力点放在优化农业结构、培育现代农业产业体系上。加快农业供给侧结构性改革,以市场需求为导向打造现代农业产业,大幅度提高农业生产效率和效益。通过分别设立粮食功能区和生态保护区,实现不同区域承担不同的区域功能。因地制宜发挥各地自身优势,发展适应性农业,提高农业发展效益。不断完善延长农业产业链,推动一、二、三产业融合发展,让农民更多地享受到农产品所带来的增值收益。

第三,充分激发"三农"发展增长内生动力的必然要求。乡村振兴战略,从根本上来讲依旧是发展问题。乡村振兴发展的关键就在于彻底激活广大农民在乡村振兴战略中的主体意识。通过充分保障广大农民在乡村资源分配体系中的优先地位,进一步赋予其更多的发展权利,从根本上调动起广大农民群众谋事创业的内生性发展动力,进而在整个国家范围内营造出一种"三农"事业发展前景广阔、农民职业大有可为的新时代中国特色社会主义思想。

以系统政策助推"三农"工作内生创新动力。在实施乡村振兴战略过程中,要始终坚持农业农村优先发展的战略方向,将乡村振兴工作整体融入我国全面深化改革的宏观背景中,以全面深化改革为抓手,精准施策,从根本上破除束缚"三农"事业跨越式发展的体制机制障碍。同时,结合新形势下"三农"事业发展的客观实际,创新完善各类农业产业支撑体系,优化农业资源全要素流通配置体制机制,培育好"三农"发展新动能,助推实现农业提质增效、农民增收致富、农村富裕繁荣的欣欣向荣局面,使广大农民群众切实享受到释放自身内生性发展动力获得的政策红利和收入红利,真正成为改革及乡村振兴战略的最大受益者。

大力扶植以农民为主的"三农"新型经营主体。乡村振兴战略的核心要义,就是要让"懂农业、爱乡村、爱农民"的人扎根乡村,带着对土地和"三农"工作深深的热爱去振兴乡村。在乡村振兴过程中,最为活跃的要素就是农民群体,要通过全要素整合和创新培训等方法,突出抓好家庭农场和农民合作社两类新型农业经营主体的培育,促使其充分发挥干中学、学中干的奋斗精神,运用新理念、新技术、新模式更好地开发农业农村资源。同时,既要加大对本土人员的培训力度,又要不断引导外界人才到乡村实现自身价值。不断创新农村人才选拔、培养体系,突出人才在乡村振兴过程中的重要作用。

第二节 生态宜居是实施乡村振兴战略的关键

习近平总书记指出,"环境就是民生,青山就是美丽,蓝天也是幸福"。良好生态环境是农村最大的优势和宝贵财富。生态宜居不仅包含"村容整洁"的内容,而且突出强调人与自然和谐共生,强调农村生态建设要由表及里、由物及人的过程。乡村振兴战略的目的在于打造"望得见山、看得见水、记得住乡愁"的美丽乡村,生态宜居既是我国生态文明建设的内在要求,也是满足广大人民群众对美好生活向往的最终目的。整洁的村容村貌、优美的生态环境、怡人的居住条件,不仅满足了广大农民对优美生态环境日益增长的需要,也吸引了众多的城市消费者来乡村休闲旅游养老度假,并带动农村第三产业的发展。在农民衣食住行等物质生活条件得到较大改善、温饱问题已经得到解决的今天,有必要把"生态宜居"作为实施乡村振兴的关键。

第一,"两山理论"是乡村振兴战略的重要支撑。党的十八大以来,通过开展国土绿化行动,深入推进荒漠化、石漠化、水土流失综合治理,逐步推动对生态系统的修复保护工作。通过健全耕地草原森林河流湖泊休养生息制度,分类有序退出超载的生态产能。通过建立河长制,逐步健全水生态保护修复制度,开展河湖水系连通和农村河塘清淤整治。

同时，还进一步加大了对农村人居环境的综合性治理。一方面对城镇污染实行严格监管，严禁城镇污染流入农村地区。另一方面转变农村地区思想观念，推进绿色发展理念深入人心，在日常农业生产中，注重保护饮用水源，使用可降解农膜，削减化肥使用，鼓励有机肥、绿色肥的施用，最大限度降低对水、土地资源的破坏；同时融入生态技术的生产手段，提高农产品的附加值，提高农民的收入水平。

开展美丽乡村建设，产业生态化、生活宜居化是关键。生态化的农业生产和宜居的生活环境，有利于进一步吸引优秀的人才、先进的农业生产技术以及资本等乡村振兴所需的关键要素加速向广大农村流动，进而带动和孵化出一批超越传统农业的现代高附加值农业——现代观光农业、有机生态农业、乡村生态旅游产业，真正意义上助推传统农业进一步转型升级，让广大农村地区成为农业资源高效利用、生态产业化、农业产业绿色可持续、生态宜居、收入水平不断提高的"两山理论"践行地，顺势带动乡村观光农业、有机农业，乡村高端生态游，高端民宿消费以及农业互联网的健康有序发展，围绕"两山理论"做好乡村振兴这篇大文章，让广大农村成为宜居宜业的生态高地，从根本上为乡村振兴奠定坚实的生态战略基础。

面对当下我国农村发展形势，生态产业已然成为搞好乡村振兴战略必不可少的一环，集中力量搞好生态产业支撑，是习近平总书记所倡导的"绿水青山就是金山银山"内在要求。

第二，生态经济融合发展助推乡村振兴。改革开放40多年来，从美丽乡村建设到乡村振兴战略，党的"三农"政策一以贯之、一脉相承，着眼点始终致力于打造具有中国特色的生态宜居美丽乡村集群。

我们党领导人民建设美丽乡村和实施乡村振兴战略的初心，都是建设生态良好、宜居宜业的美丽乡村。依据党的十九大精神和乡村振兴战略所绘就的乡村振兴图景，不断优化乡村人居环境，不断完善乡村基础设施配备，不断完善乡村公共服务供给能力。

过去一段时期，我们所进行的生态宜居乡村建设，客观存在着乡村发展资金匮乏、建设周期较长等现实性问题,还处于初级阶段,并没有从根本上实现城乡融合发展以及有效缩小城乡之间的发展差距。很多地方由于缺乏内生性增长动力,"等靠要"错误思想严重,直接或间接地导致了部分乡村基本公共设施建设不足及养护缺位等问题,亟待进一步有针对性地加强乡村人居环境、卫生环境、生态环境的整治工作。广大乡村基层干部在推动乡村振兴战略实施的过程中,需要始终秉持"功成不必在我"的历史担当精神,尊重科技、运用科技实现对生态资源环境的保护和修复。以客观发展规律为基础,根据各地不同的发展实际,因地制宜地开展乡村生态环境治理和种植养殖模式变革,与时俱进地产出更多绿色有机生态农业产品,将蕴藏在广大农村的生态优势真正转化为乡村振兴发展的生态经济优势,进而从根源上打通生态和经济的循环圈。

第三节 乡风文明是实施乡村振兴战略的保障

乡风文明既是中华民族文明史的主体,也是农村精神家园的底色,更是我们实现现代化强国所要追求的目标。当下倡导的"乡风文明"除了包括现代文明的全部要素以外,要求内容更加丰富、标准进一步提高。不断突出乡风文明的重要性,进一步提升农民的思想道德水平,是促进农村社会全面进步的必然要求。

第一,乡风文明是一项长期系统工程。2005年10月,党的十六届五中全会提出"生产发展、生活宽裕、乡风文明、村容整洁、管理民主"的新农村建设总方针,"乡风文明"便作为重要内容予以重复强调。2017年12月29日,中央农村工作会议确立"产业兴旺、生态宜居、乡风文明、治理有效、生活富裕"为实施乡村振兴战略的20字总要求,仍然包括乡风文明,并赋予了其更丰富的内涵,提出了更新的要求。

良好的乡风有助于乡村的团结凝聚。抓好乡风文明建设既是我国乡村建设取得显著成就的重要经验,也是新时代推动乡村振兴的重要内容和软件基础。我们必须长期不懈地抓好乡风文明建设,纠正传统的重经济发展而轻文化建设的发展模式,从根上解决乡村普遍存在的重经济轻文化、德孝文化削弱、诚信缺失、邻里矛盾突出、干群关系紧张等严重动摇乡村社会稳定基石的问题,为乡村振兴战略的实施打下坚实的乡风文明基础。真正做到让农民在腰包鼓起来、住上好房子的同时,精神生活充实起来,活出好面貌。

纵观历史,凡是乡风文明建设好、乡村文化传承好的地区,乡村整体建设水平也会大幅度超越其他地区。乡风文明建设绝不能追求短期效益,搞急功近利的大干快上。不断满足我国人民群众对美好生活的向往的乡风文明建设,是一个长期的系统工程。乡村文化具有中国特色,不仅体现在乡村风俗、民间信仰等方面,更是与村落结构布局、山水风情息息相关。乡村振兴,就是要继承和保留具有中国特色的优秀乡土文化,走传承乡风文明发展道路。

第二,乡风文明是乡村振兴的灵魂。乡村振兴离不开乡村文化的滋养,而乡风文明又是乡村文化的重要载体,乡风文明在乡村振兴发展的各个阶段都发挥着无可替代的引领作用,始终是乡村振兴发展的精神引领。

乡风文明建设助推乡村产业发展。乡风文明和乡村产业之间并不是相互割裂的关系,而是相互统一的关系,乡风文明的提升可以为乡村产业提供具有更高精神素养和智力保障的基础性人才,以带动乡村产业的繁荣;乡村产业的繁荣又可以反过来助推乡风文明的提升。

乡风文明助力生态宜居乡村建设。乡风文明本就是生态宜居的应有之义,文明的乡风有助于形成精神层面的宜居生活;同时,随着乡风文明的提升,乡村居民更注重生态环保,进一步助推生态宜居美丽乡村建设。

乡风文明助力提高乡村振兴治理效能。乡风文明有助于提升乡村居民精神乃至思想道德水准。风俗习惯、思想道德作为乡风文明的重要载体,其水平的提高能够有效提升乡村社会的治理效能。不断完善自治、德治、法治"三治"结合的治理体系,能够有效提升乡村治理的能效性。

乡风文明助推生活富裕早日实现。乡风文明的提升可以带动传承和发扬优秀的历史文化。一方面将这些文化的因素融入农产品产业链之中,可以有效增加农产品的附加值;另一方面将这些文化的因素融入农产品品牌之中,可以有效增加品牌的知名度,凸显品牌效益,有利于助推生活富裕的目标早日实现。

第三,乡风文明是乡村文化的重要载体。新时代,乡风文明具有鲜明的时代印记和重要的现实意义。

新时代的乡风文明是优秀传统文化和现代文明的有机结合。习近平总书记在党的十九大报告中强调,"中国特色社会主义文化,源自中华民族五千多年文明历史所孕育的中华优秀传统文化,熔铸于党领导人民在革命、建设、改革中创造的革命文化和社会主义先进文化,植根于中国特色社会主义伟大实践"。我国的乡风文明建设具有传统文明和现代文明的双重属性,更有利于弘扬中华传统文化。结合"五位一体"总体布局与五新发展理念,乡风文明建设能够更加有效地在广大乡村地区培育形成符合社会主义核心价值观的优秀乡风、村风、家风。

新时代的乡风文明是乡村文化与城市文化的深度融合。历史上我国乡村曾有过辉煌的岁月,在强汉盛唐时期,多以乡村繁荣作为国力强盛的重要体现。新时代提出的乡村振兴战略,一方面要重振流传已久的优秀乡村文化;另一方面要结合城市特点,让广大农民群众更多地分享城市和工业化发展所带来的红利。推动城乡文化深度融合,形成家风和谐、乡风文明、生活宜居、生产方式现代化的乡村振兴局面,助推乡风文明进一步提升。

新时代的乡风文明是中国文化与世界文化的深度融合。千百年来,历经朝代兴衰更迭,中华文明之所以长盛不衰,历久弥新,很重要的一个原因就在于我国的乡村一次次将中华文明完整地保存了下来。我国乡村承载了中华民族璀璨历史文明中大量的优秀传统文化。乡村振兴的提出、乡风文明的建设,实质上就是要重振中华民族优秀文化,并通过融合世界其他先进文明成果,不断增强我国文化自信,助力乡村早日振兴。

第四节　治理有效是实施乡村振兴战略的基础

从"管理民主"到"治理有效",这是新时代提出的新要求,其中孕育的内涵也变得更加深刻。既反映了基层治理工作中思路和理念的转变,又彰显了"三治"(自治、法治、德治)结合在基层治理工作中日益凸显的重要性,推进乡村治理更加有效。

第一,自治是乡村治理有效的重要基础。在我国,实现乡村治理有效,一定要充分发挥村民自治的重要作用。由于我国乡村地区所占国土面积广大、乡村人口基数庞大,广大乡村地区熟人社会的基本面貌依旧没有变。乡村治理情况错综复杂,单纯依靠法治和德治难以取得较好的乡村治理效果。

在乡村治理过程中,必须始终坚持以人民为中心的根本政治立场不动摇。在推进乡村治理有效的具体社会实践过程中,要在始终坚持党对"三农"的领导基础上,充分激发农民自治内生动力,不断完善以村"两委"为核心的农村基层治理体系建设,不断加强村规民约等村民自治制度建设,不断强化村民法治意识和德治思维。在涉及广大村民切身利益的重大事项上,坚持共商共议,群策群力,及时同党员及村民代表共同研究决策。

在乡村治理过程中,必须始终注重充分发挥好广大村民的主体作用。首先,要充分借助乡村熟人社会的特殊优势,科学推进好农村基层"两委"选举工作。在切实保障村民选举权益的基础上,进一步规范选人、用人程序,鼓励广大村民积极参与到村里的各项管理事务之中。其次,要立足"三农"工作实际,切实保障广大村民参与乡村管理事务的合法权利。通过创新工作方法,更好地开展乡村治理各项工作,创造性地让更多村民切实参与到乡村振兴发展事务的管理决策之中,为实现乡村善治的终极目标打下坚实的自治基础。最后,要从不断健全完善制度建设方面入手,充分发挥乡村村民议事会、监事会等自治组织的监督管理作用,确保乡村村务、财务、政务等事项在阳光下公开运行。

在乡村治理过程中,必须始终注重发挥自治在乡村振兴治理有效环节中的重要基础性作用。我国实现村民自治的重要目的,就是将国家保障全体人民当家作主的根本性政策落实到国家治理和社会生活的各方面和全过程。在推进乡村振兴战略过程中,让广大村民在法治和德治的保障下,以自治为核心,依托"村民直选"等民主选举、决策、管理、监督机制,充分发挥广大村民自我管理的乡村自治优势和人民当家作主的制度优势,将治理有效这个乡村振兴战略的重要抓手切实落到实处。

第二,法治是乡村治理有效的重要保障。2018年中央一号文件《关于实施乡村振兴战略的意见》明确提出,"乡村振兴,治理有效是基础""坚持法治为本,树立依法治理理念"。中国特色社会主义乡村法治建设的根基在广大基层,基层法治建设的最薄弱领域在我国广大的乡村地区。建设新时代法治乡村,把乡村各项工作纳入法治化轨道,坚持走法治化道路,是增强乡村基层治理能力的治本良方。

不断加强和完善法治建设,努力建设中国特色社会主义法治乡村。习近平总书记在党的十八届四中全会上重点强调,实现立法和改革决策相衔接,做到重大改革于法有据、立法主动适应改革和经济社会发展需要。当前,农村法治建设存在立法质量有待进一步提高、农村产权制度有待进一步明晰、相关法律法规设置滞后、可操作性有待进一步增强等现实问题,亟待予以解决。坚持法治为本,牢固树立依法治理理念。在实施乡村振兴过程中,针对乡村立法质量不高的问题,要逐步加强立法建设,完善乡村治理过程中的相关法律法规,为乡村社会治理提供根本性制度保障。针对农村产权不清晰的问题,要实事求是地通过调查研究,摸清农村土地承包"三权"分置"两权抵押"等涉及广大农民根本利益的实际情况,因地制宜地做好制度设计,并配套完善相关政策措施,做到成熟一项就全面推广一项,从根本上确保农村稳定局面不动摇。针对涉农土地和房屋流转、交易等难题,要不断完善基层立法和法治建设,进一步平衡好涉农各方利益关系,逐步建立健全乡村调解、县市仲裁、司法保障的农村土地承包经营纠纷调处机制。

不断加强和完善法治建设,始终以维护和保障广大农民群众合法权益为党和政府法治工作出发点。《关于实施乡村振兴战略的意见》中明确强调,强化法律在维护农民权益、规范市场运行、农业支持保护、生态环境治理、化解农村社会矛盾等方面的权威地位。在实施乡村振兴战略过程中,要通过法治乡村建设,充分发挥法律法规的有效治理作用,从维护广大农民合法权益出发,不断增强基层干部法治为民的观念意识,将各项涉农工作纳入法治化轨道。我国在充分发挥法治维护广大乡村社会稳定发展的基础性作用之外,还要积极顺应广大农民群众法治诉求,健康有序地开展好乡村普法工作。通过不断理顺乡村社会利益关系,为化解乡村社会矛盾提供相关制度供给,实现农村法治建设工作良性运转。针对各种涉农犯罪、乡村治理难题,一方面要从司法机关日益增强打击力度入手,另一方面要不断完善健全农村法律服务体系和多元化纠纷解决机制。在实施乡村振兴战略过程中,要充分发挥法治在乡村振兴战略中的重要基础性保障作用,不断扩大广大乡村法律服务覆盖范围,不断完善农村法律服务体系和多元化纠纷解决机制,加强对农民的法律援助和司法救助,将大量的矛盾纠纷化解在基层、消除在萌芽状态。同时,对农村地区的普法力度还需进一步加强,不断提高农民的法治素养,引导农民群众懂法、知法、守法,不断提升其运用法律武器维护自身合法权益的能力。

不断增强基层干部的法治观念和依法为民服务意识,切实将政府各项涉农工作纳入法治化轨道。法治是我国国家意志的重要体现。加强对各级干部尤其是乡村基层干部的法治教育,不断增强他们的法治观念、法治为民的意识,不断提高他们的法治素质,不断提升依法施政水平和施政能力,才能实现法治引领和保障下的乡村社会公平正义,从根本上充分保障好广大农民群众人身权、财产权等合法权益。完善农村基层法治机构、机制,不断改善农村基础设施条件,鼓励法治干部下到农村基层活动。

第三,德治是乡村治理有效的有力支撑。2017年12月召开的中央农村工作会议明确提出"必须创新乡村治理体系,走乡村善治之路"。中国特色社会主义乡村振兴战略就是要立足德治,以乡村传统伦理道德规范为乡村社会治理基本规范,实现以德治为引领的乡村有效治理。

以德治为基,培育良好乡风村风民风。德治是乡村治理的灵魂所在。我国广大乡村良好社会风尚的培育、乡村治理凝聚力的提升,都要植根于乡村德治的道德文化建设之中。此外,要充分发挥德治在法治与自治之间不可或缺的重要灵魂凝聚作用,切实推动广大乡村地区形成有效治理合力。在实施乡村振兴战略过程中,我国广大乡村地区一定要立足德治,依托德治教化作用,大力弘扬社会主义核心价值观,充分发挥德治引领乡村振兴战略有效实施的重要作用,不断培育新时代良好乡风村风民风。

以乡贤为引领,重塑文明乡风。中国传统乡村社会一直有着浓厚的重贤、尚贤的良好风尚,并由此构成了独具中国特色的乡贤文化。分布在大江南北的一批批乡贤依靠自己的威望、品行、才学主动履行起了凝聚族群、尊祖继统的职责,他们不仅是乡村社会优秀道德和淳美家风的示范者和引导者,还是规范族人和乡民行为的监督者和执行者。他们在打理好本族事务的同时,还在很大程度上承担了慈善、教化、纠纷解决等社会功能,很好地参与了乡村社会的共同治理。实施乡村振兴战略,需要一批有奉献精神的新乡贤返乡重构传统乡村文化。这些从乡村走出去的精英,或致仕,或求学,或经商,当他们返乡时,都将以自己的经验、学识、专长、技艺、财富以及文化修养参与到乡村建设和治理中,以自身的文化道德力量教化乡民、反哺桑梓、泽被乡里、温暖故土,凝聚乡村人心、促进乡村和谐、重构乡村传统文化,充分发挥新乡贤沟通农业、农村、农民和政府关系,协助政府治理的重要职能作用。实施乡村振兴战略,需要努力推动形成以乡情为纽带,以乡贤为楷模,以乡村为空间,以实现乡村经济发展、社会稳定、村民安居乐业为目标的乡贤文化,生成一种教化乡里、涵育乡风文明的重要精神力量。

坚持以中华民族优秀传统文化为根基,大力培育乡村德治新风尚。我国自古就是一个传统的农业大国,中华民族优秀的传统文化哺育了历代乡村的文明演变发展。实施乡村振兴战略,要继续坚持弘扬与倡导新时代的乡村德治文明风尚观,继续大力开展好乡村精神文明建设,继续不断完善新时代的乡风民俗、村规民约,久久为功,持续发力。

第五节　生活富裕是实施乡村振兴战略的根本

2018年6月,习近平总书记在山东考察时指出:"农业农村工作,说一千、道一万,增加农民收入是关键。"强调"生活富裕",就是要让农民有持续稳定的收入来源,经济宽裕,衣食无忧,生活便利,共同富裕。从"生活宽裕"升级到"生活富裕",仅一字之差却充分体现了多年来我国城乡收入差距缩小的良好态势,同时也强调了在全面建成小康路上"一个都不能少"的决心。把它放在总要求的最后,既突出了目标导向,也突出了新时代解决"三农"问题的高标准和高要求。生活富裕,就是拓宽增收渠道,不断提高农民收入水平和生活水平,逐渐实现共同富裕。要实现"生活富裕"这个目标,就必须把人民对美好生活的向往作为我们的奋斗目标,坚持在发展中保障和改善民生,在发展中补齐民生短板,促进社会公平正义,保证全体人民在共建共享发展中有更多获得感,不断促进人的全面发展,实现全体人民共同富裕。

第一,加快发展高质量农业。2017年中央农村工作会议提出,我国农业正处于转变发展方式、优化结构、转换增长动力的攻关期,要坚持以农业供给侧结构性改革为主线,走质量兴农之路,实施质量兴农战略,不断提高农业创新力、竞争力和全要素生产率,加快实现由农业大国向农业强国的转变。2018年中央一号文件明确提出实施质量兴农战略,要求制定和实施国家质量兴农战略规划,深入推进农业绿色化、质量化、特色化、品牌化,推动农业由增产导向转向提质增收导向,切实提高农业发展效益和产业竞争力。

坚持以农业供给侧结构性改革为主线,以保障农产品质量、农业生态环境安全为基点,优化空间布局,突出农业绿色化、优质化、特色化、品牌化。坚持市场导向,推进农业标准化生产,加快发展"三品一标"农产品,增加绿色、有机安全和特色农产品供给,让老百姓的餐桌更丰富更健康。将品牌建设与粮食生产功能区、重要农产品生产保护区、特色农产品优势区和现代农业产业园、创业园、科技园"三区三园"建设以及绿色食品产品认证紧密结合,突出抓好品牌建设、品质管理,支持建设一批地理标志产品和原产地保护基地,开展中国农业品牌提升活动。加快构建推动农业高质量发展的考核评价体系,把环境友好、绿色发展、质量安全、有效带动小农户增收等作为重要考核指标,引导人才、科技、装备等各方面力量聚合到质量兴农上来。围绕薄弱环节、重点领域,出重拳、求突破,运用信息化手段推动工作,推进互联网、大数据、人工智能等与农业深度融合,加强农业执法监管。大力推进化肥农药零增长行动,深入开展农产品质量安全专项治理行动,保障农产品质量安全。

第二,增加集体和农民收入。促进农民增收历来是解决"三农"问题的关键。近年来,农民增收不快所引发的农村经济社会发展的多米诺骨牌效应,已成为关乎经济社会发展全局的根本性矛盾和问题。实施乡村振兴战略就是要把提高农民收入水平作为根本任务,采取有效措施,拓展空间,深挖潜力,不断提高农民增收的质量和水平。通过抓提质增效,把优质、绿色、生态、安全的农产品生产摆在突出位置,培育农产品品牌,使好产品卖出好价钱。结合农业绿色发展,大力推广节水、节药、节肥、节电、节油技术,降低农业生产资料、人工、流通等成本。通过节本增效引导发展适度规模经营,通过扩大生产经营规模增加农民收入。把农业多功能价值发掘出来,培育休闲农业、乡村旅游、创意农业、农村电子商务等新产业、新业态,拓宽农业增收新渠道。充分利用好、整合好现有政策,多渠道实现农民工返乡创业,营造浓厚的返乡创业氛围,破解返乡创业和新产业、新业态发展的突出瓶颈,尤其要在用地、金融和培训等方面,出台一些含金量高的实招硬招,引导其成为农业农村发展的新增长点。赋予农民更多的财产权利。现在农村里还有很多资产处在沉睡的状态,还没有转化为农民的收入。要加快农村集体产权制度改革,扩大集体产权制度改革试点,把资产确权量化到户、到人,盘活农村资产,实现资源变资产、资金变股金、农民变股东,让更多农民享受到改革的红利。贫困地区虽然生产设施条件差一些,但是有山青水美污染少的优势。要在贫困地区因地制宜发展特色产业,通过发展特色产业来带动贫困人口脱贫增收。

党的十九大报告提出:"深化农村集体产权制度改革,保障农民财产权益,壮大集体经济。"在当前形势下,只有不断深化农村集体产权制度改革,不断发展壮大集体经济,才能从根本上保障好广大农民群众的财产权益。从发展农村集体经济的实践来看,目前各地已经有了不少探索,比如,有的村用未承包到户的集体"四荒"地等集中开发或者通过公开招投标等方式发展现代农业项目;有的集体经济组织深挖文旅资源发展休闲农业和乡村旅游,既可以增加农民的收入,也可以实现集体增收;有的集体经济组织利用它的房屋、厂房,通过出租或者入股的方式来增加集体收入。再如,有一些地方通过整合政府资金,实现入股或参股龙头企业,或者通过村企联手开发的方式来发展集体经济。通过为农户和其他的生产经营主体提供产前、产中、产后的服务,实现农产品价值链的延长和增值,增加农民的收入,同时在这个过程中集体也会得到一些收益,为农民群众服务能力也就提高了。

第三,促进农业劳动力转移就业。2018年的中央一号文件提出,要健全覆盖城乡的公共就业服务体系,大规模开展职业技能培训,促进农民工多渠道转移就业,提高就业质量。实施乡村振兴战略,促进农民生活富裕,就必须根据经济结构调整和劳动力市场出现的新变化,持续推动人才、技术、资本等资源要素向农村汇聚,不断提升农村劳动力技能和水平,多渠道促进农村劳动力向非农产业和城镇转移就业。要着重加强职业技能培训,完善培训补贴政策,提高农民素质,增强农民进城务工的竞争能力。引导农民工返乡创业进行科技创新,发展在"互联网+"基础上形成的集多种功能于一体的综合集成产业。引导农民工返乡创业与本地农民结合、与城乡各类企业结合、与各种科研机构和社会组织结合,建立多层次、多方位的合作机制,形成经营共同体和利益共同体。大力发展劳务中介组织,搞好协调服务,促进农村劳动力有序转移,确保农民收入持续快速增长。加快建立农村劳务输出的协调服务机构,健全农村劳务输出信息网络,有组织地开展农村劳务输出。完善创业担保政策,建立创业风险防范机制,为返乡下乡创业人员提供坚实后盾,减少返乡创业人员的后顾之忧。完善就业失业登记制度,为包括农村转移劳动力在内的所有劳动者免费提供就业指导信息,推进公共就业、创业服务专业化、信息化、公开化、透明化,建立健全覆盖城乡的公共就业服务体系。深化户籍制度改革,推动自身有意愿、有条件的农业转移人口在城镇有序落户,使其具有平等享受城镇公共服务的权利。积极探索农村宅基地集体所有权、农户资格权、宅基地及农房使用权"三权"分置,鼓励村庄建设用地整治、复垦、腾退的建设用地指标优先用于返乡下乡创业,允许利用宅基地建设生产用房创办小型加工项目。

第四,加强农村公共事业。共同富裕是中国特色社会主义的本质特征和根本要求,也是乡村振兴的必然要求和发展方向。让占人口绝大多数的乡村人口从宽裕到更为宽裕再到富裕,是实现现代化的要求。乡村振兴的出发点在于实现共同富裕的伟大愿景,要充分激发农民的主观能动性,把广大农民对美好生活的向往转化为推动乡村振兴的根本动力。

要围绕老百姓最关心、最直接、最现实的利益问题,把事情一件一件办好。推动城乡基础设施互联互通。完善交通、物流和仓储基础设施,强化水资源、能源和通信等基础保障,实施数字乡村战略,构建清洁高效能源体系,推动城乡基础设施互联互通,促进农村基础设施提档升级。积极扩大农村地方互联网覆盖范围,开发"互联网+"信息产品以适应"三农"发展。深化农村能源服务体制机制创新,构建"清洁高效、多元互补、城乡协调、统筹发展"的现代农村能源体系。构建农村公共服务体系。扎实实施农村人居环境整治三年行动计划,聚焦农村垃圾、污水治理,综合提升村容村貌,坚持不懈地推进农村"厕所革命",给农民一个干净整洁的生活环境。优先发展农村教育,重点发展农村医疗,持续优化社会保障,构建覆盖城镇、普惠共享、公平持续的基本公共服务体系。加强新型农民职业教育,建立与区域经济社会、现代产业体系和社会就业发展需求相适应、相互衔接、协调发展、开放兼容的现代职业教育体系,逐步分类推进中等职业教育免除学杂费。

第三章　驻村第一书记制度概述

第一节　驻村第一书记相关概念界定

一、村支部书记

每个村都配置有村两委,即村支部委员会、村民委员会,村党支部书记和村委主任。村党支部书记是由该村党员投票选出,后报上级党组织批准之后才能产生效力、行使职权的。村支部书记一是负责领导村级党组织日常工作的开展,在政治上,定期召开支部委员会和党员大会,把党的路线、方针、政策和上级党组织的指示、决议向支部和党员传达清楚,并积极贯彻、执行。同党员一起研究、部署党支部的工作,讨论决定村里的重大问题,并指导村委会开展工作。同时带领党员干部和群众大力发展经济,帮助贫困户脱贫致富,另外,加强精神文明建设,把村子建设成为富裕文明的社会主义新农村。

二、驻村干部

驻村干部是指组织部门将干部下派到村任驻村第一书记或者驻村工作队队员,驻村干部包括整个驻村队成员,驻村第一书记一般兼任驻村工作队队长,领导驻村队员开展工作,所以驻村干部包括驻村第一书记,所指范围相较于驻村第一书记更大。驻村干部发挥党员先锋模范作用,在一线担当作为,工作单位会发放生活补助。驻村干部管理比较严格,要求吃住在村,组织部门会进行日常和年度考核。

三、驻村第一书记

"第一书记"这一职务最早设置于解放战争时期。1948年,中共中央将解放区及其领导机构进行调整,加强中原局,组成华北局,任命刘少奇为华北局第一书记,邓小平为中原局第一书记。新中国成立后,许多省份设置过"第一书记"与辅助工作的"第二书记""第三书记",第一书记为新中国建设作出了重要贡献。十一届五中全会通过的《关于党内政治生活的若干准则》规定党内实行民主集中制,第一书记是党委会中与其他党员同志平等的一员。十二大后逐渐改换"第一书记"的称呼,1987年,中共十三大决定不再设第一书记、第二书记,改设书记、副书记。至此,高层党委层面的第一书记这一职务与称谓成为历史。另外,在部队也有第一书记的职务设置,并沿用至今。

如今,这一称呼又重新回到大众视野,但是内涵已经发生了转变。在全面打响脱贫攻坚战中,大量的年轻优秀干部被选派出来,派驻到广袤的乡村中担任第一书记的职务,帮助贫困村庄整顿涣散党组织、进行扶贫开发。所以现在的第一书记指各级机关、国有企业、事业单位的优秀后备干部驻村担任该村党组织负责人的党员。第一书记是由上级党委选派、任命的公职人员下村任职所担任的职务,不占用村内的选举名额。选派出的第一书记驻村后所在原单位的人事关系、工资和福利待遇不变,只将党组织关系转到村,到村后原单位不再安排其他工作,由县(市、区、旗)党委组织部、乡镇党委和派出单位共同进行管理。日常工作职能体现在上下关系的疏通、内外资源的联结:既要加强与上级部门的沟通连接,又要推动基层党组织和村级工作规范化、深入走访调研做好与村民的沟通联系,解决村民实际困难;既要对外引资上项,又要因地制宜找准本地发展路径,领富带富,让群众得到实惠。因此,驻村第一书记是群众路线基础上落实国家在农村各项政策的重要载体。

第一,第一书记驻村到任后,与村党支部书记的关系是相互促进、内外结合的关系。这体现在双方工作理念与思路的融合。在脱贫攻坚时期,某贫困村的村支书长期扎根乡村,对村里的人情世故、土地资源等情况了如指掌,但在产业发展思路上相对局限。驻村第一书记来自上级农业部门,带来了先进的农业产业发展理念。例如,第一书记提出利用村里闲置的山坡地发展特色水果种植产业,村支书一开始有所顾虑,担心销路和技术问题。第一书记便组织村"两委"成员和部分村民代表到周边成功发展水果产业的村子考察学习。回来后,村支书被说服,两人一起规划产业发展细节。村支书凭借对本村村民的了解,挨家挨户做工作,动员村民流转土地;第一书记则利用自己的资源,联系农业专家来村进行技术培训,还帮忙引进了一家有实力的水果销售企业,签订了初步的收购协议。在两人的共同努力下,特色水果种植产业在村里顺利落地,第一年就实现了部分收益,这便是相互促进、内外结合在工作理念与思路上的体现。

第二,由第一书记指导村支书提升管理水平,具体可以进行组织建设与管理流程的优化。某村以往在党组织活动开展方面较为随意,缺乏规范流程。第一书记到任后,发现村支部组织生活不规范,党员参与积极性不高。第一书记利用自己在党建工作方面的专业知识,制定了详细的党组织活动计划,包括每月固定的党员学习日、定期的党课等。同时,他指导村支书建立党员积分管理制度,对党员参加组织生活、参与志愿服务、带动村民致富等方面进行量化考核。村支书一开始对如何实施这些新制度有些迷茫,第一书记便手把手教他如何记录积分、如何在党员大会上通报积分情况。经过一段时间的运行,村里党组织的凝聚力明显增强,党员们参与村里事务的热情高涨,村支书也在这个过程中学会了一套规范的党组织管理方法,提升了管理水平。

第三,第一书记职权大于村支书的体现,第一书记拥有重大项目的决策主导权。在另一个村,有一笔上级专项扶贫资金用于发展乡村旅游项目。第一书记在充分调研和分析市场需求后,提出打造一个集民俗体验、农家乐、采摘为一体的乡村旅游综合体方案。虽然村支书对发展乡村旅游有一定想法,但在具体项目规划和资金使用上,第一书记凭借其对政策的把握和项目运作经验,主导了项目的决策过程。例如,在选择农家乐建设地点时,村支书倾向于在村子中心位置,认为方便村民参与。第一书记则从游客流量和旅游线路规划的角度出发,坚持将农家乐建在村子入口附近交通便利的区域。最终,按照第一书记的方案实施,项目建成后吸引了大量游客,带动了村民增收。这显示出在涉及重大项目决策时,第一书记因掌握更多资源和信息,拥有更大的职权。

第四,村支书在乡村发展中拥有很重要的地位,这体现在日常村务管理与村民关系维护方面。在日常工作中,村支书发挥着不可替代的作用。比如在某村,村民之间因宅基地界限问题发生纠纷,矛盾有激化趋势。村支书得知后,第一时间赶到现场。他对两家的情况非常熟悉,凭借在村里多年积累的威望和对村民性格的了解,分别与双方沟通调解。经过几天耐心细致的工作,最终化解了矛盾,维护了村子的和谐稳定。而第一书记由于驻村时间相对较短,对这类复杂的村民关系和具体村务细节不如村支书熟悉。在乡村发展中,类似这样的日常事务繁多,村支书扎根乡土,是乡村稳定发展的基石,在处理日常村务和维护村民关系方面发挥着核心作用。

第二节 驻村第一书记制度的发展历程

一、以干部下乡为主要形式的酝酿阶段(1986—2001)

早在革命时期,党政干部就经常自发到乡下调查民情、关心群众,领导干部与村民之间可称之为鱼水关系。到 20 世纪 60 年代初,曾经有过规模较大的党政干部下乡,但是时间短暂且没有成文规定。因此,第一阶段是以中央首次发布的有关党政干部下乡的文件为划分依据。改革开放以来,20 世纪 80 年代中期,我国的贫困发生率下降,但是区域发展不平衡,贫困人口呈现相对集中的特点,地缘性贫困问题明显。为解决这一问题,1986 年 1 月 1 日《中共中央、国务院关于 1986 年农村工作的部署》强调不仅要培养贫困地区干部,还要"从中央、省、地三级机关抽调一批优秀干部并组织志愿服务者到贫困地区工作"。这是中央文件中首次官方明确提出要求干部下乡帮扶,这时对于派出干部的要求、年限等细节还没有明确的规定。1986年起,国务院成立专门的扶贫机构,大规模开发式扶贫使扶贫工作有了组织保障,对不同级别的贫困县评定,明确了扶贫对象,瞄准了扶贫群体,增加扶贫工作开展的针对性。同年6月,贫困地区经济开发领导小组第二次会议强调了扶贫主体的范围与责任,进一步明确要求干部深入基层。至此,国家正式赋予了党政机关下乡扶贫的工作使命,派驻机关干部下乡逐步步入正轨。1990年1月14日,《中共中央、国务院关于组织党政机关干部下基层的通知》中,对党政机关干部下到农村提出要接受群众意见、转变工作作风的新要求,并重申了下乡后的纪律问题的指示。20世纪90年代,温饱问题基本解决,经济发展进入新阶段,东部地区与中、西部地区的发展差距逐渐拉大,国家需要通过科技、鼓励乡镇企业发展等形式实现更高质量且持续的发展,扶贫的难度与要求也有所提高,所以中央进一步提出到贫困区县开展扶贫工作的干部要符合"精明强干"的要求。党政机关干部下乡工作在实践中不断摸索,也不断获得中央认可,文件中对实行干部的选派有了更明确的标准与要求。随后,中央要求实行定点帮扶,使政府部门直接面向贫困村,各贫困县的责任人更加明确,扶贫工作的进行更为有效。随着脱贫工作的有序进行,贫困人口大幅减少,全国小康已经实现,鉴于党政干部下乡这一实践对贫困地区发展有一定帮助并得到了村民拥护,中央决定,要把组织党政机关干部下乡扶贫,作为一项制度,长期坚持下去。1996年,规定了许多选派细节的《关于进一步做好选派干部下乡扶贫工作的意见》发布,标志着党政干部下乡扶贫制度的正式确立。

二、以区域实践为主要内容的探索阶段(2001—2015)

第二阶段的划分以标志性事件为依据。最先派驻干部到村任第一书记实践的安徽省,以小岗村原党委第一书记沈浩为代表,自2001年以来,对贫困村、难点村、后进村和软弱涣散村,从省、市、县党政机关和企事业单位中,连续分六批共选派两万多名年轻干部到村担任党组织第一书记。当时主要是从事业单位中选派热爱三农、责任感强、大专学历以上、有三年以上工作经历的35周岁左右党员。第一书记到村任职有力地促进了当地农村基层组织建设和农村经济发展。2004年7月,福建省委、省政府出台《关于创新农村工作机制的若干意见》,通过定期选派优秀党员干部到村任职,推动相对后进、薄弱的农村基层开展工作,省直单位、各市、县(区)党政机关、事业单位和中央驻闽单位分别派党员到村任职。截至2013年,福建省已先后选派三批1.2万多名党员干部驻村任第一书记。从2007年开始,广西壮族自治区连续5年,从区、市、县、乡四级机关和单位选派干部下基层,担任社会主义新农村建设指导员,对广西壮族自治区14300多个行政村进行派驻,时间为一年,确保每个行政村有1名县以上机关单位干部和1名乡镇干部驻村开展指导工作,每年下派干部3万多人。河南内黄县自2009年开始推行"两官"驻村,即从全县机关选派549名优秀年轻干部与540名大学生村官一起进驻全县532个行政村,开展为期三年的驻村工作。每周坚持"五天四夜"与群众同吃同住,内黄也因此成为河南省党员干部驻村任职唯一的试点县。2012年3月,山东省委印发《关于以选派"第一书记"为抓手,扎实开展基层组织建设年的实施意见》,山东省171个省直机关和企事业单位第一批选派的582名"第一书记",分别进驻582个贫困村;各市、县选派"第一书记"工作同时展开。加快了山东省脱贫致富的步伐。2013年习近平总书记在湘西调研时首次提出精准扶贫,此后,各省都建立了精准扶贫工作机制,第一书记的选派也更加精准,扶贫对象、资源、目标、责任更加明确,从而确保了如期稳定脱贫。而干部下派不仅为了促进行政村的发展,同时也有培养后备干部的目的。下乡帮扶往往作为晋升的条件,因此干部参与的积极性也较高。党员干部到村挂职,给基层工作带来了新的活力与生机,促进了各省(区)改革开放和经济建设的均衡发展。同时,也使广大中青年干部在实践中经受了锻炼和考验,丰富了知识,增长了才干,可谓一举多得。总之,自从开展了驻村扶贫的区域实践,党的方针政策宣传得以贯彻到最基层、惠民政策到户到人,使村基础设施建设不断得到完善,人民群众的生活条件得到极大改善,环境卫生大为改观,村容村貌焕然一新。

三、以脱贫攻坚为主要目的的推广阶段(2015—2020)

第三阶段是由中央明确的派驻第一书记的文件作为划分依据。2015年,在精准脱贫背景下,国家扶贫开发方式转变新思维、新思路,那就是扶贫要突出精准性,首先扶贫内容精准,达到两不愁三保障、六个精准、五个一批等,根据这个思路与因村选人的原则,党政干部下乡制度扶贫也更加精准对口,干部下乡的职位、任务、要求也逐渐清晰。基于一些地区选派干部到村任第一书记的成功经验,2015年4月,中央各部门联合印发了《关于做好选派机关优秀干部到村任第一书记工作的通知》,从派驻范围、选派要求,到管理办法、考核方式等等都做出了详细的规定。由此,选派第一书记到村得到了中央的制度支持,第一书记制度形成并在全国推广,全国各个省、市、县党委组织部迅速落实,成为国家统一扶贫的"标准动作"。文件中规定了第一书记的职责要求是建强基层组织、推动精准扶贫、为民办事服务、提升治理水平,但是为了达到2020年消除绝对贫困,贫困县全部摘帽这个最艰巨最主要的目标,第一书记到全国各地驻村后,基本上主抓脱贫,精准发力、精准服务,第一书记们与所驻村的党员群众同吃同住、甘苦与共,在抓党建、办实事、促发展上狠下苦功,使村容村貌、村庄生产条件、百姓精气神实现了"大变样"。除此之外,还通过协助村集体发展适合本村的产业、协助村党支部理清发展思路,积极向上争取发展项目,实现好项目落到村,来促进村集体经济健康发展,并运用自身知识结构和社会、市场资源,广泛参与村级发展重点产业、重要事项的决策管理过程,提高村级决策民主化、科学化水平。2020年,习近平总书记在脱贫攻坚表彰大会上宣布中国摆脱绝对贫困,并肯定了驻村第一书记以及扶贫干部们为脱贫攻坚工作所做的努力,也激励着第一书记们在2020年实现全面建成小康社会后,继续在脱贫攻坚和乡村振兴有效衔接上再立新功、再作贡献。

四、以乡村振兴为主要目标的新发展阶段(2021—)

第四阶段是根据我国进入新发展阶段的时代背景划分。2020年我国实现全面脱贫。2021年正处于十三五收官,十四五谋划,第一个百年计划完成、第二个百年计划开启,精准脱贫与乡村振兴衔接的关键节点。中央一号文件指示脱贫攻坚目标任务完成后,要从脱贫之日起设立5年过渡期。除此之外,文件主要聚焦乡村振兴与农业农村现代化,当前已经全面建成小康社会,但从我国国情来看,城乡发展要素仍然不平衡,城乡差距依然十分明显,农村现代化是现代化道路上的重点与短板。农业农村现代化是物的现代化与人的现代化相结合的综合考量,要求在农业方面,注重质量提升、品牌打造、绿色发展,同时继续推动农村建设与改革,要求提升村民生活质量与收入水平。乡村振兴的实现不是一蹴而就的,需要做好长期持久的准备,因此,基于乡村振兴的时代背景,2021年5月11日中央发布《关于向重点乡村持续选派驻村第一书记和工作队的意见》(以下简称《意见》),强调要持续选派驻村第一书记。所以在新的发展阶段,首先第一书记驻村要保证脱贫工作向乡村振兴平稳过渡,走得稳才能走得远,在取得脱贫攻坚决定性胜利的基础上,驻村第一书记需要常态长效巩固脱贫成果。其次,《意见》中还提出第一书记要推进强村富民、推进乡村治理体系和治理能力的现代化的新任务,第一书记在担当好基层党建领头人、为民服务办事员的同时,还要做产业发展的领路人与基层善治的领航员,带领村民找到现代农业的发展道路,立足当下、着眼长远,让产业与乡村的资源禀赋相耦合,通过产业振兴使农民增收致富,同时弘扬时代新风,提高乡村社会文明程度,探寻基层党组织、民间组织等多元共治的现代化治理机制,不断优化驻村第一书记与基层党组织引领乡村治理的动态运行过程,积极打造乡村治理新常态。不仅如此,从第一书记的选派范围转变为将村分档定级灵活选派、对人选品行提出更高要求、选派程序增加了农业部门进行审核等等规定中可以看出第一书记驻村这一制度在各个环节都向乡村振兴工作做出倾斜。总之,新发展阶段,《意见》中对第一书记的多项要求做出了调整,驻村第一书记工作的难度更大、要求更高,被赋予了更多责任,需要担当更多角色以实现乡村振兴的目标。

第三节 驻村第一书记制度实践的经验总结

一、机关干部到一线锻炼是培养后备干部力量的必要方式

在基层一线培养、锻炼干部,从国家层面上来说,是培养年轻干部成长的现实需要和必由之路。党政机关单位干部驻村,从个人层面上来说,是对其能力最直接有效的锻炼。第一,提高干部工作能力。基层是距离人民群众最近的地方,是各种问题和困难最集中的地方,是年轻干部快速深入了解国情、民情的最好阵地,尤其到贫穷困难的村庄扶贫,需要直接面对各种类型的问题,直接面对各个方面的群众,想各种措施帮助贫困村等等,年轻干部到基层磨炼后,做群众工作能力、处理实际问题能力、应对矛盾复杂局面能力能够得到明显提升。因此,选派机关单位干部驻村是组织部门发现、培养、提拔干部的必要方式,是干部成长和锻炼的最好的舞台,亦是检验其能力和水平的最佳平台。第二,增强服务群众的意识与本领。党员机关干部真正融入基层群众,识农情、说农话、干农活,调查研究,深入群众,带着真心实意投入基层工作,带着真情实感与群众沟通交流,把群众当亲人、当家人,为群众服好务,不仅可以学会群众工作方法,理论联系实际,发挥自己的特长,帮助自己快速成长,练就过硬的政治素质与领导本领,同时还可以利用自己有文化、有知识、懂技术的优势帮助

贫困地区摆脱贫困。

二、干部下乡是加强村党组织建设、巩固党的执政根基的重要路径

村党组织是基层党组织的一种,主要负责地区的工作和基层社会治理,支持和保证行政组织、经济组织和群众自治组织充分行使职权。加强村党组织建设在党的百年发展历程中一以贯之。在革命时期,主要承担吸纳、教育党员作用,农村党员的增多,为新民主主义革命的胜利奠定了重要基础;新中国成立后,村党组织动员农民参加合作社,在生产力落后的年代为工业化提供了一定物质基础;改革开放以后,村党组织不断改革,更加注重政治引领,同时经济、文化等其他方面的引领能力更加突出;如今在乡村振兴的关键时期,依然将党组织建设摆在首位,强调组织振兴。由此可见,虽然村党组织在不同时期有不同的工作特点,但是党始终没有放松对村党组织的建设。但是,在科层制结构下,中央、省市、乡镇都属于政权组织,而村党组织更多依靠自治来运行,所以一直存在村党支部由谁监督、成效如何保障的问题。尤其是在改革开放后,农村人口向城市不断聚集,农村基层党组织建设面临一些现实的难题。其中包括:流动党员人数多而且比例较高,在农村的党员年龄普遍偏大,日常管理难;农村生活节奏散漫,农民组织化程度偏低,农村党员的集体意识相对薄弱,开展活动难;在信息化时代大背景下,党员的思想观念和行为方式越来越多样,教育引导难;一部分党员年老体弱、行动不便,发挥作用难;农村党员文化程度高低不一,综合素质参差不齐,在理论学习等方面统一要求难。所以,党中央一直以来十分重视并不断强化村党组织建设、巩固村党组织地位,为脱贫攻坚、组织振兴提供坚强的组织保障,党中央决定选派第一书记到村,不论是《关于做好选派机关优秀干部到村任第一书记工作的通知》还是《关于向重点乡村持续选派驻村第一书记和工作队的意见》等文件,都将加强基层党组织建设作为驻村第一书记工作的首要职责。第一书记到村后将党组织关系转到所驻村,实际上成为基层党组织中的一员,

因此,第一书记在兼具领导村党组织这一本身的功能外,还监督村党支部规范运行。并且,从实践效果来看,第一书记驻村作为党加强基层党组织建设过程中的重要措施之一,使党员干部树立了良好形象,党的执政根基更加稳固,同时在帮助村民摆脱贫困中也起到了很大作用。因此,村基层党组织的加强有重要的政治、经济双重功能,而干部下乡有利于巩固党的执政根基,也是党引领农村经济发展的重要方式。

三、定点单位帮扶是助力乡村发展的有效途径

定点扶贫是指各级党政机关、企事业单位、人民团体有计划地筹集资金以及派遣专职人员进驻重点贫困地区,并通过各种渠道促使该地区脱贫致富的一种扶贫模式。扶贫一直是机关单位重要职责之一,1987年开始推广定点单位扶贫这一模式,2002年最先发布文件《关于进一步做好中央、国家机关各部门和各有关单位定点扶贫工作的意见》对定点单位扶贫的原则与要求做出规定,同时指出要与培养干部相结合。从第一书记制度中也可以看出,不仅第一书记个人对所驻村负责,其派出单位同样与所驻村建立对口扶贫关系,因此第一书记制度某种程度上是定点单位扶贫的衍生。定点单位经常到所驻村调研,加强日常联络沟通和协调配合,双方的关系可以形象地比喻为亲戚关系。这样直接、明确的帮扶,无疑提高了扶贫效率,是推动乡村发展的重要途径之一,其优势具体有:第一,派出单位党组织与贫困村党组织建立结对帮扶,连续向所驻村捐赠建强基层党组织专项资金,助力其建强村党组织,同时通过开展党组织活动等,既帮助当地贫困村解放思想、开拓视野,又助力当地找到发展致富的路子,努力把党组织的政治、组织优势转变为推动产业、企业与农户发展的优势。第二,助销农产品,各单位工会组织用好职工福利经费安排采购农特产品,既有效带动所驻村农特产品和工艺品的销售,促进当地相关产业发展,又满足单位职工消费需求,受到双方欢迎。第三,发挥自身优势,整合局属单位和社会资源。组织媒体对所驻村攻坚情况进行宣传报道,邀请主流媒体深入所驻村采访脱贫攻坚好故事,在各级各类媒体平台进行

宣传，有利于提升该村的社会知名度。另外，为了提高文化素养，派出单位都比较注重加强该村教育，协调教育部门及社会企业，为贫困村学校捐书捐物，引进教育信息化项目、科普馆项目和智慧校园项目等，在一定程度上阻止了贫困代际传递。总之，定点单位与村庄精准、直接对接，是我国推动乡村发展的创新形式，并且使村庄得到了较快发展。

第四章　驻村第一书记:助推乡村组织振兴

乡村组织振兴是乡村组织体系的系统构建,包括建立和完善以党的基层组织为核心、村民自治和村务监督组织为基础、集体经济组织和农民合作组织为纽带、各种经济社会服务组织为补充的组织体系。其中,建强村级党组织,提升村级党组织组织力,是乡村组织振兴的关键。驻村第一书记兼具组织资源和乡村治理资源双重优势,为乡村组织振兴提供了干部人才支撑。在助推乡村组织振兴过程中,驻村第一书记要以乡村全面振兴为目标,把增强政治功能和组织功能作为建强村党组织的着力点,因地制宜,创新拓展农村基层党组织对农村工作全面领导的实现路径,确保乡村社会充满活力、安定有序。

第一节　提升村级党组织组织力

当前部分村级党组织组织力弱化,很大程度上是由于党建工作形式化造成了工作重心的偏离。正如习近平总书记指出:"一些地方和部门党建工作还存在重形式轻内容、重过程轻结果、重数量轻质量的问题,看起来热热闹闹,实际效果却不佳,甚至与中心工作'两张皮'、没有什么效果。"其中,最为突出的表征就是从"痕迹管理"走向"痕迹主义"。驻村第一书记具备引领村级党组织组织力提升的丰富资源,要围绕村级党组织组织力提升的突出问题,进行有针对性的引领,激活村级党组织的活力,提升村级党组织建设质量。其中,最关键的问题就是要探索如何激活党员个体和组织,从而有效地发挥基层党组织的战斗堡垒作用和党员的先锋模范作用,实现村级党组织对内凝聚党员,对外团结群众,把党组织锻造成一个坚强的领导核心。

一是围绕党员发挥作用这个关键点,切实加强党员教育、管理、监督和服务。其中一个可行举措就是推动党员"志愿者"化,其有利于提升党员对组织的认同感与服务群众的责任感,同时也是沟通村级党组织与农民群众的重要渠道,避免了因党组织"建制化"引发与农村社会及农民群众疏离的危险。此外,还需要加强对村级人才建设的探索,增加社会锻炼与竞争环节,这比单纯的组织系统内部培养更具群众基础和社会影响力。

二是着力创新村级党组织的活动和运行方式。为了更好地凝聚和激活党员积极性,影响和带动群众,村级党组织组织活动不能搞"自娱自乐"和"体内循环",要实现从"纵向垂直指令式""封闭集中型"向网络式、扁平化的转变。比如,制定紧贴本村实际的活动主题,抓住党员和群众在日常生产与生活中的痛点、痒点和兴奋点,就此召开的会议、讨论和主题活动更容易产生情感共鸣,激发每名党员的主体意识、责任意识和使命意识,激励党员担当作为。

三是提升村党组织的群众工作水平。中国共产党在长期实践中形成了"一切为了群众,一切依靠群众,从群众中来、到群众中去"的群众路线,驻村第一书记制度设立的初衷,就是回应农村基层的诉求,保持与农民的血肉联系。驻村第一书记既可视为党向农村下派的农村工作方针政策宣传队,也可视为农村工作调查队,是党了解农村、农业、农民以及制定农村社会治理政策最直接、最权威的信息来源。第一书记驻村较大程度上激活了群众路线,但仍存在脱离群众的"悬浮干部",比如,不少驻村干部的主要时间精力都用在跑资金跑项目上,对村庄了解有限,与村民较为疏远,或是群众工作能力有限,难以将为村民谋利益落到实处。为此,驻村工作的评价机制需要更多地体现群众视角,借此提升驻村工作乃至村党组织的群众工作水平,积极回应和解决村民的实际需求,夯实党在农村基层的执政基础。

第二节　推进村级党组织有效运行

进入新发展阶段,村党组织书记"一肩挑"制度得到了中央的高度重视,在全国农村地区大规模推进。截至2022年5月,在全国49.1万个行政村(社区)中,村党组织书记、村民委员会主任"一肩挑"比例达95.6%。村党组织书记"一肩挑"回应了新发展阶段经济社会深刻变迁对农村基层提出的新的整合要求,有助于加强党组织对农村工作的全面领导。然而,由于全国各地区农村社会发展水平以及党建基础各有不同,村党组织书记"一肩挑"在实践中存在一些需要克服的问题。如何避免决策权的集中统一与村民意愿畅通表达之间的矛盾、监督机制的缺乏与可能发生的权力滥用之间的矛盾,是驻村第一书记推动村党组织建设必须直面的问题,需以实践创新来回应农村基层党建工作的挑战。

一是正确处理与村"两委"尤其是村党组织书记的关系,助推村级党组织与村民自治组织有序发展。无论是第一书记驻村,还是村党组织书记"一肩挑",都是为了加强党对农村基层的领导,强化党组织在农村工作中的领导核心地位,但由于工作目标和工作方法上的差异,双方容易发生权力博弈甚至是不合作情形。第一书记驻村具有临时性和短期性,在"一票否决"的考核压力之下,倾向于在短期内创造业绩以应对考核,而村"两委"作为常规治理机制与力量,更注重治理的全局性和长效性。正如斯科特所言:"每一种逻辑都与不同的行动者类型相联系——彼此从来不曾完全取代,但它们之间的矛盾与冲突,极大地削弱了场域结构的一致性、内聚性与稳定性。"长远观之,无论是乡村振兴,还是乡村治理现代化,最终依托常规治理机制的不断完善来实现,驻村第一书记需要发挥好辅助、协调和服务的作用。在意识上,驻村第一书记需要克服自身的优越感和价值高位,去除将"帮扶"理解为"施惠"、将"第一书记"理解为"权力第一"的错误观念;在工作方式上,注意调动村"两委",尤其是村党组织书记的积极性、主动性和创造性,做到"帮办不代替,到位不越位";在制度上,建立权责分明的制度规定,以保证驻村第一书记与村干部的边界清晰,形成工作合力。

二是加强乡村人才队伍建设,助推村级党组织持续发展。"一肩挑"的制度优势要在实践成效中彰显,离不开"一个肩膀挑得起多副担子"的农村党员干部。工业化和城镇化对包括人才在内的资源吸纳,造成了农村人才匮乏。驻村第一书记要充分发挥自身的组织和协调能力,将发展产业和吸引人才结合起来,解决"一肩挑"背景下的人才储备难题。比如,实施"能人回乡"工程,将其作为实现产业振兴与人才振兴相结合的重要抓手。同时,优化农村党员队伍年龄结构和文化层次,为"一肩挑"人才选拔发挥"蓄水池"功能。

三是充分发挥村级组织的内部监督功能,助推村级党组织健康发展。"一肩挑"在提升农村基层工作效率的同时,也强化了村级权力的集中程度,通过制度建设与机制优化,确保村党组织书记依法依规行使权力,也是驻村工作的重要内容。需要在明确村党组织书记和村"两委"其他成员职责分工以及建立相关责任追究机制的基础上,切实发挥村务监督委员会"最后一公里"的监督作用,加强对村级公共事务财务的监察和管理。村务监督委员会成员要对各项收支、集体土地征用征收、工程招投标等村务公开内容和村民代表会议决定执行情况等进行监督,保障村民集体利益。

第三节　推动党组织引领村级各类组织发挥作用

乡村组织体系的构建,要以全面推进乡村振兴为目标,以保障和改善农村民生为优先方向,实现农村农民共同富裕,让农民得到更好的组织引领、社会服务、民主参与,实现社会善治。因此,要高度重视对乡村社会关系网络的掌握,形成党组织吸纳社会力量,包括吸纳社会一般民众力量的普遍性机制,不断把党组织的政治优势、组织优势转化为推动组织振兴的发展优势,引领各类村级组织积极发挥作用。

一是推进乡村全过程人民民主建设,不断探索村民自治新的实现形式。在推进农村基层民主建设的过程中,村级党组织要发挥引领作用,掌握社会政治生活中的主动权。完善村党组织领导的村民自治制度,围绕激发乡村发展活力和化解农村社会矛盾,创新议事协商形式,拓宽议事协商范围,搭建多方主体参与平台。深化村级议事协商创新实践,构建利益表达的公共空间,对有实际需要的地方,实行以村民小组或自然村为基本单元的村民自治,引导村民借助村民自治、议事会、恳谈会和村规民约等形式,全过程参与乡村决策与治理。

二是培育和引领农村各类经济组织,推动城乡融合发展。城乡融合发展是乡村振兴的目的,也是乡村振兴的根本出路,只有打通生产要素在城乡间自由流动的通道,才能推动人才、资本和技术等要素向乡村聚集,不断助力乡村内化城市发展动能。驻村第一书记来自城镇而又扎根乡村,无疑是借助城乡融合促进农村改革发展的重要力量,需推动村党组织从城乡融合角度,确定乡村产业发展方向,挖掘村集体经济与各类经济合作组织的发展潜力,牵线搭桥将优质城市资源注入乡村,为乡村产业振兴找到可行出路。

三是培育和引领农村社会组织,促进村庄公共性成长。驻村第一书记远非只是"向上跑项目",更重要的是着眼变革传统乡村,以项目实施为载体,培养村民的参与意愿与能力,提高村民自组织化水平,让乡村社会真正成长起来,激活村庄可持续发展的内生动力,提升乡村治理程度,打造健康有序又充满活力的新农村。特别是对于那些有较强社会责任感和政治诉求,并能真正代表农民利益的农村社会组织负责人,在坚持党员标准的前提下,将其吸收入党,并创造条件推荐和帮助其当选各级人大代表,使之与村级党组织建立良性关系,成为村级党组织服务和整合农村社会的臂膀和重要力量。

历史学家黄仁宇先生认为,中国共产党领导革命的重大贡献之一,就是在农村创造出一种新的底层结构,有效地将农民加以组织并与上层连接,重新实现了中央对地方的控制。这一论断敏锐而中肯,既道出了革命的贡献,也揭示了困扰近代中国乡村的根本难题。近代中国的衰退与羸弱,表面观之,是政府办理外交和对外作战不力,未能有效抵御外来侵略和欺压,但是根源是自然经济遭受西方工业经济摧残,使得乡村社会生产结构解体,社会精英流失或者劣质化,大多数村庄陷入一盘散沙状态,失去了自我组织和发展能力。中国共产党通过土地革命和农业合作社制度,将农民、农业和农村组织起来,并成为其坚强的领导核心和依靠力量。

改革开放以后,家庭联产承包制和村民自治应运而生,农民有了更多的经济上的自主权和政治上的自治权,赢得了广阔的发展空间。然而,在全球化和市场化过程中,农民个体显然势单力薄,无力应对风云变幻的外部环境,需要国家力量的引导与扶持,同时依靠经济合作组织和专业社会服务,才能在激烈的市场竞争中寻得一条生路,这是一种更高形态的农村组织形式。在此情景下,兼具体制性与灵活性的驻村第一书记制度,成为重要的制度安排。正是基于此,在顺利完成脱贫攻坚任务后,党中央决定向重点乡村持续选派驻村第一书记和工作队,为探索这种更高形态的农村组织形式,实现乡村振兴积累经验。对驻村第一书记而言,引领村级党组织提升组织力,培育农村社会服务和经济合作组织,激发村庄可持续发展的内生动力,是其在新发展阶段的核心职能。

第五章　驻村第一书记：领航乡村产业发展

乡村若要振兴，首要是产业要兴旺，产业振兴是乡村振兴的基础。本部分主要阐述乡村振兴发展与产业振兴要素的主要内容。现阶段发展乡村产业，首先要掌握我国现阶段乡村的基本经营制度和现阶段乡村产业体系构成与发展方向。乡村产业发展历来是"三农"工作的重中之重，产业发展事关乡村经济发展，经济发展仍然是首要任务，乡村振兴发展必然依靠乡村经济高质量发展。中国共产党始终致力于产业发展，尤其党的十八大以后，加速农业现代化进程，推进中国式现代化飞速发展。党的二十大报告系统总结了近十年以来我党带领中国人民取得了历史成就，为下一步如何发展指明了前进方向，报告中关于乡村产业如何发展给予了明确的答案。党的二十大报告提出了要加快构建新发展格局，着力推动高质量发展，其中对全面推进乡村振兴做了全面论述。

第一书记要做好脱贫攻坚向乡村振兴有效衔接工作，扎实推动乡村振兴战略的实施，首要面对的就是带动乡村经济发展问题。《中共中央国务院关于实施乡村振兴战略的意见》（2018年中央一号文件）指出："到2035年，乡村振兴取得决定性进展，农业农村现代化基本实现。"为实现这样的目标，需要乡村产业高质量发展驱动，《中共中央国务院关于做好2023年全面推进乡村振兴重点工作的意见》（2023年中央一号文件）中进一步明确：强国必先强农，农强方能国强。今后一个时期"三农"工作要坚持农业农村优先发展，推动乡村产业高质量发展，在农产品加工流通、现代乡村服务业、乡村新产业新业态、县域经济发展等方面做足文章，下大力气。在发展乡村产业同时，要解决好我国乡村现行的基本制度问题，在落实农村基本经营制度、培育各类新型农业经营主体、大力发展村集体经济等方面谋局促发展。

第一节 乡村基本经营制度

在新的时代背景下,党中央开启了全面推进乡村振兴的战略部署,这既是对我国乡村经济社会发展阶段的深刻把握,也是对历史经验的全面总结和升华,更是与时俱进、顺应时代潮流的新的奋斗目标。在全面推进乡村振兴战略的过程中,既要不断融入新的思想内涵,也必须尊重历史经验,尤其是坚持农村基本经营制度不动摇。

一、乡村基本经营制度概念及重要论述

乡村基本经营制度指的是家庭承包经营作为基础,统分结合的双层经营体制,农村基本经营制度属于党的农村政策的基石。依据农村基本经营制度的构成要素,可以将不同地区的实现形式分为四种基本类型:合作经营型、统一服务型、高度集体型、承包经营型。自新中国成立以来,乡村基本经营制度有着翻天覆地的变化,由家庭经营制,到合作制,再到人民公社,后到统分结合的双层经营体制的建立。党的十八大召开后开启了新的篇章,逐渐促进小农家庭经营转型,在家庭经营的基础上发展多元化乡村经营制度。坚持完善和巩固农业农村基本经营制度,关系农业农村现代化与乡村振兴。《中共中央国务院关于实施乡村振兴战略的意见》(2018年中央一号文件)深入指出:"保障乡村振兴制度支撑,完善产权和要素市场化配置,激活主体、要素和市场,改革系统、整体和协同,要求进一步巩固和完善农村基本经营制度,农村土地承包保持长久不变,完善农村土地承包"三权"分置,保护集体土地所有权、承包权、经营权,深化农村土地制度改革和农村集体产权制度改革,完善农业支持保护制度。"党的二十大报告指出,到2035年我国要基本实现农业现代化,要求构建高水平社会主义市场经济体制,坚持和完善社会主义基本经济制度,在农村就要毫不动摇巩固和落实乡村基本经营制度。进一步明确了构建新发展格

局,推进高质量发展,要全面推进乡村振兴战略,巩固和完善农村基本经营制度。《中华人民共和国农村集体经济组织法(草案)》的实施,对于巩固完善社会主义基本经济制度和农村基本经营制度,对于维护好广大农民群众根本利益,实现共同富裕等具有重要意义。

二、乡村基本经营制度发展阶段及基本内涵

中国乡村基本经营制度的发展分为四个阶段:第一阶段,中国共产党成立初期到新中国成立阶段;第二阶段,新中国成立初至改革开放前期;第三阶段,改革开放前期到新时代初期;第四阶段,新时代时期。

中国共产党成立初期到新中国成立阶段,当时处于半殖民地半封建社会的中国,占统治地位的是封建土地所有制,封建地主私有土地、佃农租地经营是当时乡村基本经营制度。农民所有耕地仅有10%。而后《中国土地法大纲》等文件依次出台,使当时的乡村基本经营制度逐步过渡。新中国成立初至改革开放前期,新中国刚刚成立不久,百废待兴,党的七届三中全会首先提出要求,团结全体人民,废除封建剥削。后来《中华人民共和国土地改革法》成功出台,根本上消灭了封建剥削制度,农民土地私有私营逐步形成,也促进后来土地集体所有同集体经营的产生。改革开放前期到新时代初期,党的十一届三中全会后,以经济建设为中心,这也对农业提出了新要求,出现了家庭承包制。在新时代,中国特色社会主义新时代,土地问题得到有序解决,乡村振兴战略逐步实施,农业经营主体逐渐演变为以家庭经营为基础,同时呈现多元经营格局。

新时代时期我国乡村基本经营制度具有其特殊的时代内涵,一方面我们要明确农村土地属于农村集体经济组织成员集体所有,2020年我国完成了新一轮农村土地集体经济的确权工作,进一步明确农村土地既不属于国家也不属于个人;另一方面农村集体土地通过农民家庭承包经营,家庭承包制确立农户为独立生产经营主体,充分调动并且保护了农民生产经营的积极性,极大促进了粮食生产的内生动力,稳定了我国粮食生产红线要求,进一步解放了农村劳动力,农村大量剩余劳动力转化为"农民

工"等职业,为加快我国城市化建设提供了大量生产力,农民扩宽了增收渠道的同时也保障了整个城市化建设,促进了经济和社会双重发展。另外在推行家庭承包制过程中,我国人多地少的客观条件,加上农村基础薄弱,形成了农业经营规模小、集体经济组织建设滞后、农村集体经济薄弱等影响农村农业经济发展的弊端和障碍,在推进农村基本经营制度的同时要清醒地认识到促进土地流转、培育新型农业经营主体、大力发展村集体经济等方法和措施,推动乡村基本经营制度不断创新发展,更加符合农业农村现代化建设的需求。第一书记在落实农村基本经营制度的同时,注重推进农村土地流转,这是做好乡村振兴工作的基础性任务之一。

三、全面落实家庭承包为基础的土地承包基本经营制度

当前我国实行农村土地家庭承包经营的基本制度,是在总结我国农业发展历史实践基础之上,依据我国农业生产特点和具备的生产力水平客观实际,实行家庭承包为基础、统分结合双层经营体系,符合我国公有制为主体,多种所有制共同发展的基本经济制度要求。

我国实行农村土地家庭承包经营的基本制度是基于正反两方面的历史经验总结。在实行人民公社体制的背景下,党领导土地承包制度变革,吸取了人民公社制度阻碍农业生产力发展的失败教训,开始探索包产到户、包干到户的制度。1983年中央一号文件《当前农村经济政策的若干问题》开始对人民公社进行体制改革,推行生产责任制,特别是联产承包责任制,以土地承包经营为核心的家庭联产承包经营责任制雏形开始形成。土地家庭承包责任制开始施行至今,已经经过了两轮,并在第二轮基础上再延长30年。1984年中央一号文件《关于1984年农村工作的通知》确定了第一轮土地承包期限为15年,这一时期按照"大稳定,小调整"的原则,极大地保护了人民群众生产积极性,稳定了家庭承包基本政策。1993年《关于当前农业和农村经济发展的若干政策措施》中提出了在第一轮土地承包基础上,再延长30年不变。这一时期按照"增人不增地,减人不减地"原则,家庭联产承包制度开始新一轮探索并为下一步政策实施

提供实践经验,继而1997年《关于进一步稳定和完善农村土地承包关系的通知》明确了土地承包再延长30年的政策,我国家庭土地承包的政策趋于成熟稳定,1998年为进一步适应农村生产力水平和农业生产特点,将家庭联产承包经营改为家庭承包经营,至此,我国农村土地家庭承包经营的基本制度已经形成。2002年《中华人民共和国农村土地承包法》的颁布,标志着我国集体所有制前提下的家庭承包制度以法律形式确定下来,承包法的出台从根本上保障了家庭承包制的落实,是近些年我国推进土地改革所取得的重大成果,极大地解放和发展了农村生产力,党的十九大提出第二轮承包到期后再延长30年,这种保持土地承包关系长久不变的举措,顺应民心,保障民生,为乡村振兴夯实了基本的制度基础。

《中华人民共和国农村土地承包法》以法律的形式确立了土地承包方式,同时对土地承包予以保护。土地承包法规定了农村土地承包的当事人、合同期限及权利义务,承包方式主要有家庭承包和其他承包两种。家庭承包方式针对耕地、草地和林地,发包方为村集体经济组织,以家庭为承包单元,户户平等承包,承包方为本村集体经济组织内农户,根据承包农户家庭人口和土地级差确定承包数量。其他承包方式主要针对果园、茶园、鱼塘、荒山等专业承包,一般通过招标、拍卖、协商等确定承包对象,兼顾效率优先,公平原则,承包对象可以是村集体经济组织内农户,也可以是其他非集体经济组织内成员。土地承包法的实施,使得土地承包经营权得到了根本上的保护,坚持农村土地的集体所有制不动摇,不否定农村土地集体所有制,不搞平均主义,不得买卖农村集体土地,承包期内不得随意收回已被承包土地,不得随意调整农民承包的土地,不得因承包人或负责人变动或集体经济组织变化而变更或解除已有的土地承包合同,当承包发生纠纷可以采取不同方式解决纠纷,一般经过双方协商,村委会、乡镇政府调解,法院起诉,市、县土地承包机构申请仲裁等程序解决矛盾纠纷。随着我国农业现代化的不断进展,老龄化人口社会到来,农村人口大量流失,农村劳动力不断减少,推进土地所有权、承包权和经营权分置改革迫在眉睫。"三权"分置是在依法保护集体土地所有权和农户承包权前提下,平等保护土地经营权的制度和理论创新。农村土地权益包括所有权、承包权和经营权,"三权"分置实现了所有权明晰,承包权稳定和经营权灵活。所有权明晰从根本上确定了土地为村集体经济组织所有,承包权稳定了农民家庭生产生活,经营权灵活促进了土地要素与市场配置相结合、相互促进发展的关系。我国已经完成了第二轮土地确权工作,为进一步搞活土地经营权,制定相关登记、抵押贷款等制度是下一步重点工作。

四、农村土地承包流转的条件、原则、方式和措施

农村土地家庭承包经营方式导致了全国大部分土地都是小规模经营,这就很难在规模化发展上创造经济效益,随着老龄化社会出现,农村劳动力人口大量流出,农村劳动力减少,农业人口比例下降等客观原因的出现,农村闲置土地开始出现。为了解决这一问题,我国开始推行健康有序的土地流转。从2017年开始,中央农村会议开始推动土地流转工作,创新土地流转形式,鼓励农民自愿交换土地,进一步完善农村基本经营制度,适应农村农业发展的需要。从根本上来说,土地流转是在家庭承包基础上进行的,部分承包农户放弃土地经营权,部分农户或组织愿意经营更多的土地,从而实现土地市场化资源再配置的过程。

土地流转的条件。土地流转条件可分为主观因素条件和客观因素条件,在土地经营权流转过程中,客观因素起主导作用,主观因素通过客观因素采取措施,促进土地经营权发生转化。客观因素条件主要表现在以下五个方面,一是农户平均承包土地规模较小,我国人口基数庞大,户均承包规模仅1.4亩,分布极不均衡;二是当地经济发展水平,随着农村劳动力逐渐减少,农业收入在农业家庭收入比重并没有减少;三是农村社会保障水平,随着我国社会保障水平的不断升高,土地经营权流转需求也越高;四是农业效益水平,规模小导致效益低,达不到农民需求,促进土地流转;五是农业劳动强度,相比较农业劳动量大,劳动力却减少,客观上需要土地经营权流转。主观因素条件主要包括农民意愿、地方政策、引导机制

等,这些都能主观上促进土地经营权流转。

土地流转的原则。土地流转系指土地经营权流转,从造成土地流转的主客观因素来看,主要包括了自愿原则、有偿原则和依法原则。一是自愿原则,土地流转是指土地经营权从流出方转向流进方,流出方与流进方二者都是在自愿的前提下,双方平等协商,决定是否流转土地,流出方有权决定是否流转及流转的方式和对象,任何单位及个人不得以任何方式强迫或阻碍流出方依法进行土地流转。二是有偿原则,流出方与流进方协商确定土地流转费用,可按照流转期限、经营范围确定流转有偿费用,费用归流出方所有。三是依法原则,按照土地承包法规定,流转的是土地经营权而非所有权,土地性质不发生改变还是村集体经济组织所有,仅限于农业生产范围。

土地流转的方式。当前我国农村土地经营权流转方式多样,这符合市场调节需求,在保持土地所有权和承包制不变的基础上,政府应逐步发展以转包、出租、互换、转让、入股、委托等方式的土地流转。土地转包是指土地以一定期限转给同一集体经济组织其他农户从事农业经营生产,转包是现阶段农村土地流转的主要形式,主要由于劳动力减少,农村人口流出,避免土地闲置并且增加一定收入的流转方式。土地出租承包方以一定期限将土地租赁给非本人所在集体经济组织成员,从事农业生产经营活动。互换是指承包方之间根据自身从事农业生产需求,对属于同一经济组织的承包地进行交换,双方承包户自愿互换土地经营权。转让是指承包方有其他的收入来源或稳定的非农职业,经承包方申请和发包方同意将土地承包经营权转让给其他从事农业生产经营的农户。入股是将土地承包经营权作为股份加入其他组织,合作生产。

土地流转的措施。家庭承包制虽然客观上导致了小规模经营的事实,但是家庭承包基本经营制度从根本上保障了农村家庭的根本利益,在解决生产规模小,推广先进科学技术,实施大型机械化生产,保障基本农田耕种,提升农产品质量现实问题下,土地流转就成为解决问题最直接有效的方式。土地流转主要采取鼓励支持的政策,镇村干部、驻村第一书记在土地流转过程中要讲好政策,做好宣传,既要帮助流出户算好成本账,也要帮助算好经济账,在自愿原则下实现收益最大化;政府有关部门在流出户收益一定费用外还应有一些直接补助,例如粮食直补等政策性收益应该归流出户所有。加强对乡村各类新型农业经营主体推进土地流转,新型农业经营主体可以改变家庭承包小规模经营模式,更加有利于推广先进科学技术,便于大型机械化生产,按照种植标准提升农产品质量。同时,要加强土地流转的服务和管理,帮助协调流转价格、签订合同、调解纠纷。

第一书记在落实农村基本经营制度工作中,要严格落实执行家庭承包制度,推进"三权"改革,在土地流转工作中,立足于为百姓谋求最大利益,利用好村集体土地经济制度,整合好下派村的土地资源,引导、培育好新型经营主体,保护人民群众土地利益,扩增增收途径,有效利用好土地资源,助力乡村振兴,百姓富裕。

第二节 新型农业经营主体

新型农业经营主体是指在完善家庭联产承包责任制度的基础上,职业农民有文化、有技术、懂经营,还有大规模经营、较高集约化程度和市场竞争力的农业经营组织。加速新型农业经营主体高水平、高质量发展,对于完善基础制度、加强能力建设、深化对接服务、健全指导体系非常有利,加快农业农村现代化、全面推进乡村振兴。

一、乡村新型农业经营主体的发展现状

新型工业化、信息化、城镇化进程逐步加快,农村人口加速流动,大量劳动力涌进城镇寻求工作,农业劳动力结构性矛盾越发突出。"谁来种地,怎样种地"的问题逐渐显现,各类新型农业经营主体与服务主体服务于农村,服务于农户与农业,在解决谁来种地、怎样提升生产效率等方面发挥着越来越重要的作用。近些年,政府出台各种支持政策,投入资金加

大,社会积极参与新型农业经营主体发展并同时发展服务主体培育,加快构建立体式复合型现代农业经营体系。家庭农场经营范围愈加多元,农民合作社经营愈加规范。党的十八大召开后,各级政府以及相关部门十分重视发展新型农业经营主体,出台政策措施,为新型农业经营主体创造有利条件,新型农业经营主体更加具有规模化、集约化、组织化。但目前我国新型农业经营主体仍然不足,发展仍处于不平衡、不充分、质量不够等问题亟待解决的阶段。

以习近平新时代中国特色社会主义思想作为指导思想,主线是加速构建现代农业经营体系,重点是内强素质、外强能力,完善基础制度、能力建设、对接服务、指导体系,实现量变质变同时转变,支撑全面推进乡村振兴同时加快农业农村现代化。党的二十大报告指出全面推进乡村振兴要"巩固和完善农村基本经营制度,发展新型农村集体经济,发展新型农业经营主体和社会化服务,发展农业适度规模经营"。新发展阶段要推动乡村高质量发展,乡村高质量发展依靠乡村振兴战略,早在2018年中央一号文件《中共中央国务院关于实施乡村振兴战略的意见》就明确指出了:优化农业从业者结构,加快知识型、技能型、创新型农业经营者队伍,巩固和完善农村基本经营制度,实施新型农业经营主体培育工程,发展家庭农场、合作社、龙头企业等多种形式的适度规模经营。并在《中共中央国务院关于做好2023年全面推进乡村振兴重点工作的意见》(2023年中央一号文件)中明确了:深入开展新型农业经营主体提升行动,支持家庭农场组建农民合作社、合作社根据发展需要办企业,带动小农户合作经营、共同增收。一号文件的颁布成为我国今后一段时期内实施乡村振兴战略的道路遵循。

二、当前乡村新型农业经营主体的主要组织形式

乡村新型农业经营主体是在家庭承包制基础上,为着力解决小规模经营弊端,合理采用土地流转形式,进而为了扩大经营规模而产生的农业新业态,是当前我国落实农村基本经营制度的一条重要途径。我国现阶

段主要乡村新型农业经营主体呈多样化发展态势,这种多形式经营主体的出现主要在于市场构成要素的多样化,乡村经济活动要素主要集中在劳动力、土地资源、资金投入和科学技术支撑四个方面,四种要素通过一定的组织结构有机组合,从而发展成为具有生产能力的组织机构。新型农业经营主体将各种经济组织制度与农业生产经营相结合起来,进行生产经营活动,现阶段主要出现了专业大户、家庭农场、专业化合作社、农业公司四种组织形式,第一书记在完成助力脱贫攻坚任务中,在新型农业经营主体培育上取得了大量的成绩,总结好、利用好培育过程中遇到的问题和经验,有利于进一步做好农业经营主体培育工作,助力乡村振兴发展。

最早出现的,最主要的新型农业经营主体是专业大户,专业大户实质上就是经过农村土地流转、扩大经营规模而出现的,是适应市场需求而发展起来的。专业大户形式较为单一,承包人没有发生任何变化,通过土地流出方进行土地流转即可,无需工商注册,流入方生产经营某一种农产品,生产主要形式还是家庭生产模式。随着专业大户的产生,在家庭扩大经营规模基础上,开始出现家庭农场新型农业经营主体,与专业大户相同点在于都是以家庭成员进行规模扩大化的农业生产经营,不同点在于家庭农场要经过工商注册,但家庭农场并不是独立的农业组织制度,家庭农场的工商注册可以采用个体化注册、个人独资企业注册、普通合伙制企业注册、公司制企业注册等形式出现。农民专业合作社是世界各国普遍采用的一种生产经营组织制度,是专业化生产、社会化服务的产物,农民专业合作社以新型农业经营主体出现又有其新时代的特征,新时代发展背景下的农民专业合作社更加适应市场要求,其"统分结合、双层经营"的特征更加利于农业抱团经营生产,我国现阶段农民合作社组织成立条件相对简单,需五名出资人共同发起,制定合作社章程,到工商部门免费注册,领取合作社营业执照即可进行生产经营活动。现阶段农民合作社新型经营主体的出现主要基于以地域性为特征的"一村一品"主导产业或产品出现,进而出现"一村一社"农业组织化,便于地域性产业或产品规模化生产经营,同时"一社一带头人"带动更多农户共同参与生产经营,第一书记在通过村基层组织培养农村致富带头人,起到"领头雁"作用,带领村民通过农民专业化合作社,实现农业生产经营的生产标准化、社员技能化、品牌经营化、组织运行化、产品安全化。农民专业合作社新型农业经营主体越来越受到农民的重视,这种抱团式实现生产经营规模化的模式越来越被更多农户所接受,很多地方政府加大农民合作社的扶持力度,也大力促进了农民合作社的发展。农业公司,其代表性组织制度是有限责任公司,基本特点即公司化经营,具有产权清晰、运转高效的特点,是工商资本投资农业的主要形式。第一书记在可以通过招商引资,鼓励社会资本扶持农业,增加农民就业途径,扩展农民增收途径,提升农产品生产效能;注重引导农业公司工商资本向种业、技术服务业、农产品生产流通业等领域投资,从而带动专业大户、家庭农场、农民合作社的生产经营能力;同时要争取政府及有关部门对待农业公司与其他形式经营主体要一致,在财政、税收上享有同等的待遇。第一书记在协助农户发展新型农业经营主体过程中,要注重农业生产经营模式的选择。专业大户、家庭农场、农民合作社、农业公司各具有优点和不足,模式的选择原则主要是衡量哪种组织形式更加节约成本,更能提高经济效益,更加有利于农业发展。

第三节 发展农村集体经济

农村集体经济亦称"农村集体所有制经济"。我国宪法第八条规定:"农村集体经济组织实行家庭承包经营为基础、充分结合的双层经营体制。农村中的生产、供销、信用、消费等各种形式的合作经济,是社会主义劳动群众集体所有制经济。"

一、农村集体经济发展历程及新阶段农村集体经济发展的内涵

研究农村集体经济发展的问题可以追溯到社会主义改造时期,当时存在初级农业合作社运动,后来初级农业合作社逐渐演变为高级合作社。

农民所有制逐渐演变为集体所有制,此时农村集体经济正式形成。后来因为落后的生产力与生产关系是社会主义的基本矛盾,在此后的农业生产过程中也波澜丛生,国家进而对应出台一系列举措,比如乡村改革逐步推行家庭责任联产承包制、流通市场等,发展模式呈现多样化,农村集体经济发展发生了非常大的变化。新中国成立后,农村集体经济经历了从居于农村经济发展的主导地位,到在农村市场化改革中地位逐渐下降、职能不断被弱化,再经过不断的探索与调整,逐步实现多元化创新路径的过程。农村集体经济发展路径的多元化创新,是上下求索、反复错误、反复试验、屡经波折的结果。

农村集体经济发展壮大,是巩固脱贫攻坚成果的重要途径还可以有效衔接乡村振兴战略进一步提升乡村内生发展动力,也是能够引导广大农民实现共同富裕达到更高层面的方式。社会主义市场经济的重要组成部分其中就包括农村集体经济发展,对提高乡村治理水平以及农民组织化水平意义十分重大。发展农村集体经济是实现共同富裕的重要保证,振兴农村农业是实现共同富裕的必由之路。我们已经取得了脱贫攻坚战的胜利,历史性地解决了绝对贫困问题,但同时也要清醒地认识到城乡区域发展和收入分配差距仍然较大,尤其广大农村地区人民群众在民生方面面临不少难题,党的二十大报告明确继续全面推进乡村振兴战略,发展新型农村集体经济。《中共中央国务院关于实施乡村振兴战略的意见》(2018年中央一号文件)也明确指出:"实现乡村振兴,要推进体制机制创新,强化乡村振兴制度性供给,深入推进农村集体产权制度改革,探索农村集体经济新的实现形式和运行机制,研究制定农村集体经济组织法,充实农村集体产权权能。"《中共中央国务院关于做好2023年全面推进乡村振兴重点工作的意见》(2023年中央一号文件)进一步全面推进乡村振兴重点工作,文件指出:"今后一个时期'三农'工作,坚持农业农村优先发展,赋予农民更加充分的财产权益,深化农村集体经营性建设用地入市试点,探索建立兼顾国家、农村集体经济组织和农民利益的土地增值收益有效调节机制,探索多样化途径发展新型农村集体经济。"第一书记一项重要职责就是壮大和发展村集体经济,如何发展好当前农村新型农村集体经济是一项必须面对和解决的实践课题,贯彻落实好党的二十大报告精神,全面推进乡村振兴战略,为实现全面建设社会主义现代化新农村,实现共同富裕打下坚实基础。

二、第一书记发展村集体经济的举措

第一书记首先要充分认识到大力发展农村集体经济的重要现实意义,一是发展好村集体经济是完善农村基本经营制度的一项重要措施,农村土地第一生产要素属于村集体所有,实行农户家庭承包制度,这一制度确定了农村集体经济的重要地位;二是发展好村集体经济是增强乡村服务能力的重要途径,村集体经济属于村农户共同所有,村集体经济的良好发展必将更好地实现为民服务;三是发展好村集体经济是提高村基层组织凝聚力和战斗力的重要举措,村级基层组织通过发展壮大村集体经济,充分发挥村基层组织机构领导带头作用,更加凝聚民心,提升乡村发展内生动力。

扶持农村集体经济发展。要想扶持村集体经济发展,首先要确定村集体经济组织及其主体地位。我国主要是通过宪法和相关法律法规确定了农村集体土地等属于农村集体经济组织成员所有,即土地、山地、林地等生产资料归集体经济组织和农户所有,第一书记在发展壮大村集体经济工作中,首先要抓住村集体土地这一重要生产要素,结合村集体经济发展情况,精准界定村集体经济组织成员,巩固村集体经济成员主人翁思想,提升组织成员内生动力,消除影响村集体经济发展和导致农村不稳定的因素。村集体经济组织成员的确定是事关村民切身利益的基本要素,同时也是容易发生矛盾纠纷的导火索,这就要求在平等、公平的原则上,正确区分以户口为依据的"村民"和以集体资产相关联为依据的"社员"界限,尤其注意在原集体经济组织成员、新生儿、婚迁人员、政策性移民、合法收养等都是集体经济组织成员,服役、读书户口迁出人口可临时保留其社员资格,除此以外的人员是否享有社员资格应由村集体经济合作社社员全体大会研究决定。其次要注重村集体经济组织机构的建设,一般村集体经济组织合作社与村党组织、村民委员会、村务监督管理委员会同时进行换届选举,第一书记在监督村"两委"换届选举的同时一并做好村集体经济组织的换届选举工作,由村党组织书记依法选举担任村集体经济合作社社长,当前我国鼓励村党支部书记和村主任"一肩挑",将能够带领百姓共同致富发展的带头人选拔出来,担任村集体经济组织的负责人,起到"领头雁"作用,促进村集体经济组织的建设与发展。扶持村集体经济发展还需要进一步解放思想,拓宽村集体经济发展的思路和途径,不断加大村集体经济发展的政策力度,一是将优质资源进一步向发展农村集体经济倾斜;二是加强政府协调和统筹,优先发展村集体经济薄弱的地区;三是将农业发展项目与村集体经济相挂钩,增加村集体经济收入。第一书记在脱贫攻坚中,结合产业扶贫项目,发展了大量农村产业,进一步巩固和发展好脱贫攻坚战所取得的成果,结合村实际发展业态,解放思想,推动产业发展与村集体经济相结合实践,探索壮大村集体经济与乡村振兴发展的有效衔接机制实现接力发展,是当前第一书记们一项极其重要的工作。

农村集体经济的管理。第一书记在建立和扶持村集体经济发展的同时要注重村集体经济的管理,加强组织监督和民主监督,村集体经济的管理主要包含资产、资源和资金管理,保障资产不流失,资源不浪费,资金使用公开、透明、精准。在保障村集体经济组织和社员利益不被侵犯的同时,严格制定并执行非村集体经济组织的非生产性开支范围与标准,完善村会计委托代理制度,严格执行村务监督委员会监督制度,实现村务全面公开,阳光村务。在落实好村集体经济管理各项工作的同时,推进农村集体经济组织股份合作制改革,完善内部治理机制,探索村股份经济合作社发展途径,转变经营管理方式,提升经济发展效率,效益最大化保障村集体经济快速发展。

消除村集体经济薄弱村。村集体经济薄弱村是以村集体经济年收入小于10万元来界定的,选派在村集体经济薄弱村工作的第一书记要千方百计帮助壮大村集体经济,消除村集体经济薄弱村。主要依靠以下几种途径,一是党政主导,形成有关部门各司其职,合力攻坚的工作机制。二是政策倾斜,加大支持力度,推动人才、资金、资源向村集体经济薄弱村汇聚,引导社会力量助力村集体经济发展。三是实施"头雁"工程,选拔政治过硬,负责担当,能够带领百姓致富,懂得农村管理的人才担任村党组织书记。四是帮扶机制,充分利用好驻村工作队、选派第一书记单位、帮扶单位等资源,扎实落实好"一村一名第一书记,一村一个帮扶队伍,一村一套帮扶方案"。五是发展特色产业,依据各村不同经济基础和产业发展特色,发展村集体特色产业,拓宽村集体经济发展新路子。六是提升村转移支付能力,保障村干部基本补助,提高公益林、基本农田保护经费标准,增加农村环境保护、垃圾分类、道路维护等经费支持。

第四节 乡村基础产业体系

产业兴旺是乡村振兴的重要基础。乡村基础产业体系主要包括一、二、三产业,党的二十大报告明确提出了推进乡村振兴战略,乡村振兴产业兴旺是重点。当前我国提升农业发展质量,培育乡村发展新动能就必须坚持质量兴农、绿色兴农;必须坚持深入推进农业供给侧结构性改革;必须加快构建符合我国基本国情的现代化农业产业体系;必须坚持构建农村一、二、三产业融合发展体系。深入构建乡村产业体系要符合我国中国式现代化建设基本要求,中国式现代化是新型工业化、信息化、城镇化和农业现代化同步发展的现代化。我国现阶段乡村基础产业体系融合发展主要依靠以下几点,一是要依靠开发农业多种功能,延长产业链、提升价值链、完善利益链;二是要依靠农产品加工业提升,实现农产品转化增值;三是要依靠建设现代化农产品仓储物流业,打造农产品销售公共平台,加快农村流通现代化;四是在传统产业体系基础上发展新产业、新业态,发展乡村共享经济、创意农业和特色产业。对于第一书记而言,要掌握我国乡村基础产业发展态势,尤其要结合乡村具体情况具体分析,对所在服务的乡村开展广泛调查研究,形成乡村产业发展报告,报告要细致梳理出所在乡村产业基础、产业结构、一、二、三产业发展概况、"三产"融合发展可行性分析、产业体系发展不足、产业未来发展方向等,在调查研究基础上,培育乡村产业发展新动能,促进乡村振兴发展。

一、二、三产业融合发展。一产业系指乡村现代种养业,二产业系指乡村工业,三产业系指乡村服务业。一产业(乡村现代种养业)主要包括了粮食产业、畜牧养殖业、渔业、特色产业、种业等,二产业(乡村工业)主要包括了与农业生产相关的农产品加工业、饲料加工业、农机装备产业、肥料产业、农药产业等,三产业(乡村服务业)主要包括了与农业相关的农资配送、农技推广、农机作业、农业生产托管、农业废弃物再循环利用、农产品流通交易等。乡村产业体系融合发展,主要是指"三产"融合的发展,一产是基础,二产是增效,三产是服务,乡村现代种养业是乡村产业体系发展的基础,乡村工业与乡村服务为乡村种养业扩增产业、价值和利益,只有坚持一、二、三产业融合发展才能适应市场需求、产业链越发完整、功能业态多样化呈现、产村融合协调发展。

一、乡村现代种养业

乡村现代种养业是乡村主体产业,带动了大部分乡村人口就业,是乡村经济发展重要支点。传统种养业已经不能满足乡村现代化发展的需求,传统种养业正从单一粗放生产方式向高质量发展转变,按照我国农业供给侧结构性改革的要求,结合国家粮食安全、生态安全发展整体要求,以提高农产品质量为发展方向,按照优化结构、统筹规模、高效特色、区域布局具体要求推进现代种养业现代化发展。

(一)现代粮食产业

我国已将粮食产业地位提升至粮食安全战略,可见粮食产业对于国家发展安全之重。稳定粮食生产、发展粮食产业、提高粮食质量、保障粮食供给、确保粮食安全等,是构建现代乡村产业体系的根本任务。保障现代粮食产业高质量发展主要通过以下几种途径:一是稳定提高粮食生产能力,保证粮食生产依靠"藏粮于地、藏粮于技",严格落实我国规定的18亿亩耕地红线制度,划定粮食主产区,确保基本农田和高标准农田质量提升。二是优化生产结构,稳定水稻、小麦优质蛋白粮食生产,确保口粮绿色安全,合理调整玉米、薯类、杂粮、豆类生产比例。三是先进科技应用推广。注重高效的农作制度和生态种养模式等耕作方式,推广先进的农田防治、土壤改善等适宜技术,减少农药化肥的使用。四是创新经营机制,随着农村人口逐渐减少,我国步入老龄化社会,农村劳动力不足,不断创新规模经营,壮大培育种粮大户、家庭农场、农民专业合作社、社会化合作组织等乡村新型农业经营主体,发展适度规模种植,机械化作业和社会化服务的种粮产业现代化模式。

(二)现代畜牧养殖业和渔业

现代畜牧养殖业和渔业是现代乡村产业体系重要组成部分,畜牧养殖业和渔业是我国食物链重要组成部分,是人民群众健康必不可缺的营养来源。对于现代农村基础产业而言丰富了食品供给种类,关乎农业生态循环,扩增农民增收途径。从现代畜牧养殖业发展来看,按照生态优先、供给安全、结构合理、富民增收的思路,走出一条生产高效、产品安全、资源节约、环境友好的现代畜牧养殖业发展之路。一是加快推进农牧结合生态循环养殖,实现现代畜牧养殖业与农业协调发展;二是加快推进畜牧养殖业标准化建设,提升畜牧养殖业与农业规模化、特色化发展水平;三是加快推进先进适宜技术推广力度,引导现代畜牧养殖业与农业科技化、信息化发展;四是加快推进监管服务保障,实现现代畜牧养殖业健康发展。从渔业发展来看,内地大力推广循环水养殖,遵照节能减排、节地节水、环境友好型养殖模式,沿海地区逐步实现海洋捕捞与渔业资源再生相协调的格局。

(三)特色产业

我国乡村地域辽阔,南北差异显著,加之文化发展因素,造就了不同地域有不同的特色,各地方都有优势的特色产业,在脱贫攻坚和乡村振兴过程中发挥了独特的作用。第一书记在脱贫攻坚战中大力发展的乡村特色产业,为当地土特产代言销售已经成为一种时尚,发展地域特性的特色产业,是第一书记带动农民增收,做好乡村振兴工作的重要抓手。现阶段我国特色产业品种主要有蔬菜瓜果、茶叶蚕桑、花卉苗木、中草药材、食用菌菇、特色养殖等,围绕这些特色产业,科学划定主体功能区、优势产品区,结合农业产业园、科技园等新型业态,建立标准化生产示范和评价标准体系,建设一批地理标志性农产品,充分发挥特色产品产业优势。

（四）现代种业

种业是国家和地区农业核心竞争力重要标志,也是振兴农业产业重要基础。我国深入实施种业振兴行动,通过现代种业推动现代农业产业高质量发展。一是做好地区农业种质资源普查,建立区域性适宜种质资源谱系;二是实施生物育种重大项目,扎实推进国家育种和畜禽遗传改良计划;三是加快培育高产高油大豆等新品种,加快玉米大豆生物育种产业化发展。

二、乡村现代工业

乡村现代工业与宏观工业化发展概念不同,乡村现代工业是在加快乡村现代农业发展基础上的乡村农业工业化。乡村现代工业是以乡村农业工业化发展、农民主体性参与、促进农村农业发展为特征的集群化、园区化、特色化、绿色化发展,乡村现代工业主要包括农产品加工业、饲料工业、农机装备产业、肥料产业和农药产业等,乡村现代工业与乡村现代农业发展已出现融合性业态,乡村现代工业对乡村现代农业有引领和支撑作用。

（一）农产品加工业

农产品加工业连接农民、工人,链接城市、乡村,行业覆盖面广,产业关联度高,农产品加工业发展要依靠数量向质量转变,依靠要素驱动向创新驱动转变,依靠分散布局向集群发展转变,实现农产品加工业持续稳定健康绿色发展。一是合理布局原料生产与农产品加工业布局,合理布局农业现代化规划和优势特色农产品产业带,合理布局粮食主产区和农产品保护区。二是建设农产品加工商品化产业链,建设农产品精深加工示范基地,建设多元化农产品加工产业集群。三是注重绿色加工体系,大力发展绿色加工体系,大力发展农产品加工园区循环利用。

(二)饲料工业、肥料产业与农药产业

饲料工业是连接种养的重要产业,饲料工业是现代农业产品加工业也是养殖业的生产投入要素。饲料工业要综合养殖业市场要素、环境要素、区域要素和产业要素,合理布局,促进饲料加工业与种养业协调发展;要综合饲料原料供应要素和安全高效环保要素,促进乡村一二产业协调发展。肥料产业发展事关农业能否实现绿色发展。当前肥料产业发展存在产能过剩、发展不平衡、同质化严重、绿色有机肥料发展不足等问题。可通过测土配方和利用有机质资源推动肥料产业发展。现代农药产业应以高效、低量、无公害为要求,减少生产分散性,支持高效、安全、经济、环境友好的农药新产品研发和使用,建设农药技术创新体系,攻克共性关键技术并进行技术集成。

(三)现代农机装备产业

现代农机装备产业是推进现代农业发展的重要因素之一。我国农机装备蓬勃发展,按照创新驱动、市场主导、政府引导的方式,不断提升现代农机装备产业适应农业生产规模化、精准化、设施化、机械化的能力,优化农机产业结构,提升制造水平,走"专、精、特、新"之路。

三、乡村服务业

乡村服务业是指服务于农业现代化和农村经济社会发展的产业。乡村服务业包括多种经济形式、经营方式和多环节发展的农业第三产业。乡村服务业主要业态包括农资配送、农技推广、农机作业、农业生产托管、农业废弃物资源化再利用、农产品流通等多个服务内容。乡村服务业是以现代农业为基础,延伸乡村工业服务链,促进乡村农业产业发展。例如在农资配送方面,主要包括种苗、化肥、农药等配送服务,种苗配送要推进"育繁推一体化"和供求信息化建设,肥料和农药配送要推进连锁经营和

区域集中配送模式,推行供销合作社和农民专业合作社物联网建设,加强智慧农资网络建设。在农技推广服务方面致力于集成绿色、高产、高效技术推广,促进农技推广机构与经营性服务组织融合发展。第一书记通过提升乡村服务业水平,直接助力乡村农业产业发展,促进乡村振兴。

第五节　乡村新产业、新业态

乡村新产业、新业态是在乡村一、二、三产业发展基础之上,延伸乡村基础产业链,农业功能拓展,实现现代生产技术要素、管理要素、产业发展要素融合与创新,进而产生新的经济形态。

一、乡村新产业、新业态对促进农业现代化有重大推动作用

乡村新产业、新业态是现代农业飞速发展所产生的必然结果。乡村新产业、新业态的出现,有效解决了现代农业高质量发展问题,增加了农民收入,促进了乡村振兴。《中共中央国务院关于实施乡村振兴战略的意见》(2018年中央一号文件)指出:"当前形势下,我国加快推进农业农村现代化,走中国特色社会主义乡村振兴道路,让农业成为有奔头的产业,让农民成为有吸引力的职业。并指出了实施质量兴农战略,建设现代农业产业园、科技园、延长产业链、提升价值链、完善利益链。"乡村新产业、新业态就是在一、二、三产业融合发展提升农业产业、价值、利益的产物。党的二十大报告指出,到2035年我国基本实现农业现代化的发展目标,农村基本具备现代生活条件。乡村新产业、新业态的良好发展关系到乡村振兴质量能否高标准实现,发展现代乡村新产业、新业态要在党的二十大精神指导下,深入实施乡村振兴战略,《中共中央国务院关于做好2023年全面推进乡村振兴重点工作的意见》(2023年中央一号文件)更加具体指出:"守好'三农'基本盘至关重要,举全党全社会之力全面推进乡村振兴,加快农业农村现代化,促进农业经营增收,促进农民就业增收。"第一书记要充分认识到当前我国农业现代化新产业、新业态不断变化的趋势,

结合具体乡村农业发展形势,整合有效资源,顶层设计发展方向,注重新产业、新业态与"三产"融合发展,发挥现代农业新产业、新业态巨大的提升潜能,带动大量的劳动力就业,增加农民收入,平稳实现乡村脱贫攻坚胜利后向乡村振兴发展。现阶段我国农村农业新产业主要有农业产业园区、农业产业龙头企业、农业产业上市公司等;新业态主要有休闲农业、智慧农业、农产品电子商务、创意农业、品牌农业、产业化联合体等。掌握现阶段农业新产业、新业态,有利于推进乡村发展、乡村建设,加快建设农业强国。

二、当前乡村新产业、新业态的主要形式

(一)农业产业园区

农业产业园区是指在一定区域内,以独特的农业资源、良好的生态环境以及优越的地缘优势为基础,以现代科学技术为依托,根据市场需求和社会需求发展起来的具有一定规模的高效农业产业园区。特色农业产业园区的设计注重农业与第三产业——旅游业的融合,发展农业观光,以促进农业园区的可持续发展。农业产业园是由其农业的明显物质输出和所形成的相关产业所构成。在带动经济发展的目标上与田园综合体类似,只不过实现的途径有所差别。农业产业园与农业观光园的区别在于农业观光园有明显的空间限定,且其目的是为园区所有者创造利益,不必考虑上位规划的影响,只需发展经济带动园区内的经济增长即可。但是农业产业园有明确的"两园"建设标准和规范,目的是在政府的指导下为地方发展做出贡献。

(二)农业产业龙头企业

农业产业龙头企业是指以农产品加工或流通为主,通过各种利益联结机制与农户相联系,带动农户进入市场,使农产品生产、加工、销售有机结合、相互促进,在规模和经营指标上达到规定标准并经政府有关部门认定的企业。产业振兴是乡村振兴的重中之重。习近平总书记指出:"产业是发展的根基,产业兴旺,乡亲们收入才能稳定增长。"近年来,我国乡村

产业有了长足发展,但仍然存在产业链条短、融合层次低和技术水平不高等问题。全面推进乡村振兴,需要进一步拓展农业多种功能,促进农村一、二、三产业融合发展,加快构建现代乡村产业体系,实现产业兴旺。深入贯彻习近平总书记重要指示精神,落实党中央、国务院决策部署,加强支持引导,强化服务保障,更好发挥大型农业龙头企业对发展现代农业的引领带动作用,加快提升农业现代化水平。

(三)农业上市公司

农业上市公司是指经营范围涵盖农业、林业、牧业、渔业及相关服务业其中的一类或者几类业务,且在我国的证券交易所挂牌进行交易的公司。我国政府为农业发展提供多种便利,如政策扶持、规范管理、公共服务等方式,国家层面出台文件持续关注农业企业问题。中国农业企业逐渐壮大,数量也明显增多。农业企业不断改革创新和发展壮大,更有不少龙头企业率先上市,在资本市场十分活跃。

(四)乡村旅游

乡村旅游是旅游业向农业渗透的新形式、新业态,主要依托农村自然资源、农村生活习俗和农业文化,在村庄和田野开展旅游活动,促进农村服务业发展、助推农村经济繁荣。对乡村旅游概念的表述有两点共识:一是乡村旅游的活动空间在乡村地区;二是乡村旅游因其乡土特色而吸引游客。党的十八大以来,以习近平同志为核心的党中央高度重视文化建设和旅游发展,习近平总书记对文化和旅游工作十分关心,作出一系列重要论述和指示批示,推动文化和旅游事业取得历史性成就、发生历史性变革。实施乡村振兴战略是新时代做好"三农"工作的总抓手。发展乡村旅游,是振兴乡村的重要力量,也拓宽了农民的增收渠道。习近平总书记指出,要抓住乡村旅游兴起的时机,把资源变资产,实践好"绿水青山就是金山银山"的理念。

(五)休闲农业

休闲农业是在乡村美丽田园建设基础之上,以自然生态为特色,综合乡村自然资源,与农林牧渔等生产、经营、农村文化、农家生活相结合,提供休闲娱乐及乡村生活体验的乡村新兴业态。休闲农业在我国越来越受到人民群众的喜爱,休闲农业不断丰富和发展产业聚集,越来越多的"花""果""农""特"休闲农业受到大家追捧,不断延伸的农业生产,配套设施完善,休闲娱乐性增强,百姓参与度增加,推动了休闲农业资源共享,优势凸显,信息互通,互利共赢,新产业集聚。在融入新的创意设计和融合发展,不断涌现出了农耕体验、田园景色、文化传承于一体的休闲农业综合体,推进了乡村农业与文化、生态、旅游高度融合。

(六)智慧农业

智慧农业是随着近些年互联网、移动终端、云计算和物联网技术的发展而产生的,以农业生产为主要服务对象。它通过传感技术和无线网络通信,实现农业生产环境的智能化、感知化、决策化、分析化以及在线咨询指导化为一体,为农业提供精准化种植、可视化管理、智能化决策以及经营和管理科学化的新业态。随着人工智能技术在农业领域广泛应用,农业生产自动化系统逐渐普及。农业生产自动化系统具有环境生理自动监控、作物模型自动分析、精准调节自动生成的优势。随着自然生态的变化,改进生产工艺,进行差异化生产。同时,自动化生产体系可以实现农产品溯源。智慧农业通过升级经营方式、精准调控经营领域,利用大数据分析市场需求,实现个性化、差异化的市场营销,打破农产品时空局限,解决农产品供应信息不对称问题,拓宽销售渠道,实现生产经营一体化体系,发展个性化和差异化的私人订制式营销体系。智慧农业还可以提供精准、动态、实时的全方位服务,为管理决策提供精准依据,增强抵御风险的能力。

(七)农产品电子商务

农产品电子商务是在农产品生产、销售、管理等环节与电子商务系统相结合,利用互联网、信息技术,通过收集发布供求、价格等信息,以网络系统为媒介,以生产基地和物流系统为链接,实现农产品精准便捷交易。在乡村打造便捷的电子商务公共平台,建设好农村信息化基础设施,创建电子商务农业产业模式,利用电子商务打造创新创业新平台,大力发展农产品电子商务新业态。

(八)创意农业

创意农业主要是将农业与文化创意相结合,以文化创意为生产要素,将农业生产消费活动与文化创意活动相融合,进而提升农产品附加值的新业态。创意农业发展借助区域特色资源条件和文化底蕴,有效将生物、工业、农业、信息智能技术与经济、文化、习俗、生活习惯等融合,创意农业将有限自然资源与无限人文资源相结合,扩增农业经济增长空间。

(九)产业化联合体

农业产业化联合体是农业产业园、龙头企业、上市公司、农民合作社、家庭农场等新型农业经营主体分工合作,实现规模经营,建立起来的农业生产经营一体化组织联盟,是农业全产业链乡村产业发展的新载体。农业产业化联合体突出龙头企业的引领作用,以农业专业合作社为纽带,发挥家庭农场的基础作用,深化联盟成员间的高效协作,实现利益共享。

第六节 科技与农业高新产业发展

科技创新引领农业高质量发展,以科技进步与创新为依托,促进农业高新产业发展。21世纪开始,我国农业发展进入新阶段,2000年开始,我国中央农村工作会议中提出:"农业和农村经济发展的新阶段,实际上就是对农业和农村经济结构进行战略性调整的阶段。"此后,中国农业发展表现出这样的发展趋势:农业技术高新化,在世界农业发展中,我国农业高新技术发挥的作用日益增加,有着巨大的发展前景,使农业产生革命性变革。20世纪90年代后,我国各类农业高新技术产业园区蓬勃发展。多种科学技术在农业中成功实践并表现出巨大优势,如生物、信息、新材料技术等。各种技术将会催生出与之相匹配的新兴产业,形成新的生产方式。在农业中广泛应用新技术、新产业、新生产方式,使我国迎来新的农业高新技术产业革命。

一、科技推动乡村振兴发展

党的十九大以来,为贯彻落实乡村振兴战略,落实中央一号文件中关于提升农业科技园区建设水平的要求,农业、科技等六部委全面落实《"十三五"国家科技创新规划》和《"十三五"农业农村科技创新规划》,制定了《国家农业科技园区发展规划》,对我国接下来一个阶段农业科技园区建设工作进行了详细部署。《规划》明确表明:到2020年,建设有层次、功能全面、有特色、有创新的农业科技园区体系,以国家农业科技园区为引领,以省级农业科技园区为基础。到2025年,将园区建设成为创新高地、农业高新技术产业及其服务业集聚的核心载体,成为农村创新创业的主要阵地、城乡融合发展与农村改革的示范典型。

科技与农业高新产业发展是复杂的系统工程,它涉及面广、投资量大、周期性长,需要科学部署、统筹规划和不断加强。党的二十大报告指出,全面推进乡村振兴,强化农业科技和装备支撑。《中共中央国务院关于做好2023年全面推进乡村振兴重点工作的意见》(2023年中央一号文件)中强调:"强化农业科技和装备支撑,推动农业关键核心技术攻关,深入实施种业振兴行动,加快先进农机研发推广,推进农业绿色发展。"当前阶段,第一书记应以习近平新时代中国特色社会主义思想为指导,以全面推进乡村振兴重点工作的意见为根本遵循,以实施创新驱动发展战略和乡村振兴战略为引领以深入推进农业供给侧结构性改革为主线,真正推动我国科技与农业高新产业切实发展。

二、乡村科技特点与发展趋势

乡村科技主要是指农业科技,所以乡村科技的特点主要是以服务农业生产和生态环境等科学技术为主体,主要表现在区域性、不确定性、综合性、周期性和公益性。区域性,我国农村幅员辽阔,地理气候环境差异巨大,农业首要受到地域差异影响,所以需要的科学技术存在较大差异;不确定性,农业生产受到自然天气、生物机构、人为作用等客观因素影响,农业生产的可控性充满不确定;综合性,农作物生长,是在基因、土壤、肥料、栽培技术、环境等多种客观因素综合作用下进行的,各种影响因素又相互作用,继而产生了农业科技的综合性;周期性,任何农作物都有其独特的生长周期,科学技术作用于不同农作物的生长周期而产生作用;公益性,受到农业生产需求大、地域广、主体多等因素;农业科技往往以公益形式使用,以便惠及更多的使用主体。当前世界农业科技在农业生物技术、工程设施技术方面不断发展,信息化、数字化农业不断创新,生物组学、分子育种技术不断突破,节能减排、绿色低碳农业加快发展。我国正处于农业供给侧结构性改革深化期,乡村科技发展主要呈现出加速发展态势,表现为农作物良种化、生产技术适宜化、产品产业化、环境保护生态化。随着我国整体科学技术水平不断提升,农业科技呈现出融合、多元、集成发展态势,继续坚持以满足农业需求为导向,遵循农业发展规律,坚持开放协同、改革创新,促进农业科学技术高质量发展,提升农业整体发展水平。

三、促进农业科技发展的主要途径

实现农业科技发展,促进农业发展的主要途径应该从技术研发和推广应用两个层面同时推进。就技术研发而言,实现农业强国、科技强国战略相协同,科学强国必然加快农业强国建设,总体来说,围绕农业核心竞争力开展农业关键核心技术攻关,支持国家实验室、重点实验室、制造业创新中心等平台建设,加强农业基础性长期性观测实验站(点)建设,完善农业科技领域基础研究稳定支持机制。具体而言,一是要深入实施种业振兴行动,提升种业核心竞争力,加快全国农业种质资源普查,持续做好种子资源挖掘利用与优异育种材料创制;完善育种体系,全面实施生物育种重大项目,扎实推进国家育种联合攻关和畜禽遗传改良计划;做好新品种选育及配套技术研究,加快培育高产高油大豆、短生育期油菜、耐盐碱作物等新品种,加快玉米大豆生物育种产业化步伐,有序扩大试点范围,规范种植管理等。二是推进农业绿色发展,加快生态循环农业技术创新,按照严格控制水资源消耗,减少化肥和农药使用,实现粪便、秸秆和农膜资源再利用要求,加快农业投入品减量增效技术推广应用,推进水肥一体化,建立健全秸秆、农膜、农药包装废弃物、畜禽粪污等农业废弃物收集利用处理体系;加强农用地土壤镉等重金属污染源头防治,强化受污染耕地安全利用和风险管控,建立农业生态环境保护监测制度;打击非法引入外来物种行为,实施重大危害入侵物种防控攻坚行动;推进健康食品开发、特色食品现代化技术、保鲜物流技术和食品加工机械装备的研发;加快农业资源高效利用技术研究、农产品质量安全技术研究、绿色宜居技术研究等。三是加快先进农机研发推广,构建集约、高效、安全、持续的智慧农业科技支撑,围绕数字农业、设施农业、农业装备等方向,满足现代农业产业发展的迫切需求。

第一书记在引进科学技术推进现代农业发展的途径主要集中在现代农业科技的推广应用层面,主要集中在以下几种途径:一是加快农业科技成果的转化。科技成果的转化是有效破除制度障碍的途径,实现生产力转化和提升,具体可以通过引进科技成果实验示范,结合村农业产业发展特点和优势,继而起到典型示范效果;推进现代农业农村信息化建设,为基层提供便利快捷的农业信息化服务;助推农业科技服务,联通农业科技服务机构,延伸服务链条等。二是培育特色农业高新产业。第一书记在工作中要结合地域优势和国家政策扶持,科学规划发展地域特色农业高新产业,向着专业化、规模化企业和产业链发展,可以通过创新农业科研载体,为农业企业、高校或科研院所搭建科研平台,进而拓宽村农业高新产业发展的途径,打造农业科技园、农业科技企业,提升农业科技水平。三是激发乡村创新创业动能。增强内生动力和发展活力,完善科技特派员制度,通过这一载体提高农业生产效率;着眼发展"大众创新、万众创业",调动农村创新创业发展热情,为科技特派员、返乡大学生、致富带头人营造专业化、便捷化的农村科技创业服务环境;加大科技帮扶力度,广泛开展送科技下乡,科学技术专业培训等帮扶方式,引进适宜技术、品种、农机装备等,提高生产经营水平,推广绿色宜居能源技术等;打造高素质的职业农民队伍,围绕农业农村经济发展和广大农民群众培训需求,探索建立新型职业农民培训机制,切实增强农民的技术培训,提高新型职业农民培训针对性和实效性,推动职业农民专业技能和素质能力提升。四是加强基层农技推广体系建设。农技推广是打通为农民服务最后一公里的重要力量,第一书记依托县域及以上新型农技推广组织,做好衔接工作;健全基层农技推广队伍和责任制度,精准化提供农业技术服务。

第七节 "一村一品"与县域经济发展

"一村一品"并非指数学意义上的一个村或是单一的一种产品,是代表特定地区的特色产物,也可以是两种及以上的组合。"小商品大市场"是其中突出的发展模式,它要求每村应拥有自己特色的产品,以特色产品为主进行深层次开发,形成主导产业。"一村一品"中所提出的主导产业具有丰富的内涵,既可以是种植业、养殖业、加工业,也可以是商贸、休闲、文化等行业。"一村一品"是由点—线—面整体的发展历程。当地特色资源经过开发变为产品,经由市场销售变为商品,又因其特有的属性变为名品,即以一品带动当地的经济发展。

一、乡村振兴中"一村一品"与县域经济发展

国务院"十三五"脱贫攻坚规划关于实施"一村一品"强村富民工程的要求,切实抓好贫困村"一村一品"产业扶贫行动:一是注重规划引导,二是加大资金投入,三是强化利益联结,四是加强典型示范,五是加强人才培养。通过强村富民工程和产业扶贫行动,有力助推脱贫攻坚。

县域经济,是以县级行政区划为地理空间,以县级政权为调控主体,以市场为导向,优化配置资源,具有地域特色和功能完备的区域经济。县域经济是一种行政区划型区域经济,是以县城为中心、乡镇为纽带、农村为腹地的区域经济。习近平总书记高度重视县域治理,他深刻指出,"在我们党的组织结构和国家政权结构中,县一级处在承上启下的关键环节,是发展经济、保障民生、维护稳定、促进国家长治久安的重要基础",并要

求准确把握县域治理的特点和规律,"把强县和富民统一起来,把改革和发展结合起来,把城镇和乡村贯通起来,不断取得事业发展新成绩"。习近平总书记关于县域治理的重要论述及其实践基础,深刻阐述了县域治理在国家治理中的重要地位,为县域治理现代化建设指明了前进方向和实现路径。

第一书记要深刻把握打造乡村"一村一品",促进县域经济发展的内在本质,坚持聚焦"三农"问题和农村农民切身需要,提升县域经济水平,为农民创造就业机会增加家庭收入,推进乡村振兴发展。

二、第一书记打造"一村一品"促进县域经济发展主要做法

在乡村振兴治理当中,经济发展是重中之重,如何因地制宜促进乡村县域经济稳定发展,打造乡村"一村一品",促进县域经济发展,稳步实现乡村振兴,是第一书记进行乡村治理的首要任务。但是在打造县域"一村一品"的过程中,也有一些重难点和痛点需要着手解决,比如:农产品质量参差不齐,标准化建设程度低;特色产品品牌构建难度大,宣传力度不足;产业发展程度低,融合发展基础差。如何打造乡村"一村一品",促进县域经济发展,要求第一书记坚持以农村农民切身需求为导向,以自身村情实情为基础,结合自身农业工业发展特色,探索出建设各村"一村一品"的具体做法,不断提升县域经济水平,为群众做实事,给农村农民以真正的幸福感。

首先,政府牵头,党建带动"一村一品"经济建设。产业兴旺是乡村经济蓬勃发展的重要基石,第一书记应当发挥基层党组织战斗堡垒作用,建设"党建+经济"模式,发挥党建领航作用,走出"党建引领、改革推动、一元多化"的产业发展和村民"共建共享"的乡村治理新路子,带动一个产业,发展一片经济,大力推进乡村产业振兴战略,结合乡村县域特色产业,整合资源,促进乡村经济发展。同时,在产业融合和绿色产业发展方面第一书记也不能放松,要大力进行政策扶持,发展智慧农业,通过政府和党

建的引领,让特色产业成为乡村的智慧名片,真正打造出"一村一品",促进产业振兴和乡村特色产业可持续发展,打好乡村脱贫攻坚战,并持续焕发乡村经济活力。

其次,提升县域特色产品质量,从源头塑造"一村一品"品质。"一村一品"的基础就是产品质量,质量好则口碑好品牌好。第一书记应当坚持提升特色产品质量,提高特色产品的市场准入水平,从源头严格标准,为市场提供质量更好的特色产品,以质量赢得市场。第一书记在切实提升产品质量的时候,在种植和品种研发上,提升产品种植研发技术,保证产品质量,促进产品种植生产标准化和规模化;加大管理力度,全面推行"五有一追溯"农产品标准化生产管理模式,提升农产品标准和水平;在产地进行基础环境净化和绿色特色农产品生产,推进质量安全追溯体系建设;健全市场准入准出机制,规范市场竞争秩序,强化全程有效监管。在提升产品质量的同时,提升市场认可度,坚持质量优先,促进乡村产业兴旺。

再次,建设县域地区品牌农业,以品牌促经济。第一书记建设品牌农业,加快特色农业转型升级。在建设地区品牌农业的过程中,也应当强化产品质量,在做好强化产品质量的基础上,一是应当进一步强化主体,在特色农业发展过程中,要加强科技创新,提升品牌优势,企业应当强化主体意识,联合协作建设品牌利益共同体,建设品牌文化,挖掘品牌历史,加强品牌商标建设,多经营主体共同发展,打造特色产业大品牌。二是要拓宽销售渠道,促进营销水平提升,第一书记应妥善利用线上线下双平台,为特色农产品品牌构建完善的营销网络,重视信息一体化建设,在种植、加工销售各方面实现信息互通,建立完善市场信息服务系统,加大品牌宣传力度,推介特色农产品优质合作,推动媒体宣传和品牌建设结合。三是要对其进行政策扶持,做好规划布局,构建法制健全竞争有序的品牌发展环境,强化产权保护,综合运用政策工具,建立各方面奖惩机制,切实用法律保护特色产品形象。

最后,促进产业融合和城乡融合发展。第一书记应当重视产业融合,促进全产业链优化发展,推动多元化兼容发展,引导产业链向高附加值、高经济效益产业延伸,打造复合型产业综合体,实现建设成果多方共享。在信息一体化的基础上,产业融合能够进一步深化,互联网在产业发展中的作用能够进一步凸显,降低成本、推动技术进步,有利于乡村经济现代化发展。以特色产业为依托,发展产业一体化、信息一体化,开发农业数字化管理模式,进行定向扶持,促进产业集约化,促使农业增产、农民增收。同时,健全城乡融合发展机制,畅通城乡要素流动,统筹城乡规划,提升基本公共服务水平,合理配置城乡资源。

第六章 驻村第一书记：呵护生态文明之美

"生态兴则文明兴，生态衰则文明衰"，这句话深刻蕴含了生态环境是人类赖以生存和进步的根基。中华民族自古以来就倡导人与自然和谐统一的哲学思想，这一古代朴素哲学理念强调人与自然的和谐共生，是中华民族始终追求的生态文明目标。自党的十八大以来，中国在生态文明建设方面取得了显著的理论成果和实践经验，为世界生态文明的发展贡献了宝贵的中国智慧和中国方案。党的二十大报告指出："中国式现代化是人与自然和谐共生的现代化。人与自然是生命共同体，无止境地向自然索取甚至破坏自然必然会遭到大自然的报复。我们坚持可持续发展，坚持节约优先、保护优先、自然恢复为主的方针，像保护眼睛一样保护自然和生态环境，坚定不移走生产发展、生活富裕、生态良好的文明发展道路，实现中华民族永续发展。"

乡村振兴是民族振兴重要组成部分，党的二十大报告指出坚定不移推进乡村振兴战略。乡村生态环境保护是我国生态环境重要的组成部分，生态兴则乡村兴，乡村振兴需要全面振兴。《中共中央国务院关于实施乡村振兴战略的意见》（2018年中央一号文件）明确指出："农村环境和生态问题比较突出，并提出了2020年之前实现农村生态环境明显好转，农业生态服务能力进一步提高，到2035年农村生态环境根本好转，美丽宜居乡村基本实现，到2050年实现乡村全面振兴，农业强、农村美、农民富全面实现。"第一书记在乡村振兴过程中，深刻认识到生态振兴是一场深刻革命，要不打折扣践行"绿水青山就是金山银山"的生态理念，推进人与自然和谐共生式的中国现代化发展。

第一节 保护自然生态系统

自然生态是指生物之间以及生物与环境之间的相互关系与存在状态。

一、保护自然生态系统意义所在

党的十八大以来,习近平总书记围绕生态文明建设作出一系列重要论断,形成了习近平生态文明思想,把我们党对生态文明建设规律的认识提升到一个新境界。以习近平生态文明思想为引领,亿万人民驰而不息,久久为功,秉持"绿水青山就是金山银山"理念,努力建设人与自然和谐共生的现代化,为共建清洁美丽世界贡献中国智慧和中国力量。生态兴则文明兴——"生态文明建设是关系中华民族永续发展的根本大计"。在2022年世界经济论坛视频会议上,习近平总书记用三个"全力以赴",再次表明中国坚定不移推进生态文明建设、实现可持续发展的决心和行动:"中国坚持绿水青山就是金山银山的理念,推动山水林田湖草沙一体化保护和系统治理,全力以赴推进生态文明建设,全力以赴加强污染防治,全力以赴改善人民生产生活环境。"党的二十大报告明确提出推进美丽中国建设,坚持山水林田湖草沙一体化保护和系统治理,加快发展方式绿色转型,提升生态系统多样性、稳定性、持续性。《中共中央国务院关于实施乡村振兴战略的意见》(2018年中央一号文件)指出:"打造人与自然和谐共生发展新格局,必须尊重自然、顺应自然、保护自然,明确要统筹山水林田湖草系统治理,健全耕地草原森林河流湖泊休养生息制度,扩大耕地轮作休耕制度,实行水生态保护修复制度,推行河长制、湖长制,开展国土绿化行动等自然生态系统保护工程。"人不负青山,青山定不负人。良好的人与自然和谐共生环境是乡村最大优势和宝贵财富;是人类赖以生存发展的基本条件。新时代新征程上,在习近平生态文明思想指引下,为全面建设社会主义现代化国家,建设人与自然和谐共生的现代化,要求我们站在人与自然和谐共生的高度促振兴、谋发展。第一书记在促进保护自然生态系统具体工作中,按照党的二十大总体要求,结合乡村振兴战略具体举措,掌握乡村绿色发展方式转型,统筹山水林田湖草系统规划治理等方法和举措,助推乡村振兴。

二、我国现阶段保护自然生态系统主要内容

要想推进美丽中国建设,实现生态宜居,生活富裕的发展目标就要走绿色发展、人与自然和谐共生的发展道路。建设社会主义现代化新农村需要统筹乡村产业结构、乡村污染治理、乡村生态保护,协同推进减污、扩绿、降碳,推进生态优先、节约集约、绿色低碳发展。实现绿色发展,打造人与自然和谐共生发展新格局,需要加强山水林田湖草系统一体化治理,加强农村环境综合治理,建立市场化多元化生态补偿机制,增加农业生态产品和服务供给。这里仅从自然生态系统的保护层面而言,主要内容是加快乡村绿色生态转型、山水林田湖草沙系统一体化治理,耕地保护、环境治理、生态农业在其他章节详述,不在这里赘述。

(一)加快乡村绿色生态转型

加快乡村绿色发展,要在生产模式、农业供给侧结构、自然生态屏障、消费和生活方式上进行改革。一是进行生产模式改革,主要措施包括严守生态保护红线,加强法律法规约束,增加改革保障;持续实行退耕还林、还草制度,增加退耕还林、还草资金支持政策;继续推行扩大耕地轮作休耕试点,在保证粮食红线基础上,降低农业资源利用强度,提升农业资源利用率;加大农业水利工程设施投入,提高农田灌溉水利系统利用效能,建立合理农业水价形成机制和节水激励机制;加强土壤保护,推广应用土壤保护适宜技术,减少化肥、农药对土壤污染程度,通过生产模式改革促进山绿、水绿、食品绿色。二是加快农业供给侧结构性改革,主要措施包括:加快引进推广生态种养模式,实现农产品提质增效,破解农业发展不平衡不充分问题;推进畜牧业升级转型,优化现代养殖结构,适应市场宏观调控,调整供给侧平衡、质量、效益、生态共赢;发展节水保水渔业,加大

发展推广循环性水产养殖业,以环境友好型、碳汇渔业的生产方式为主要发展方向,调整产业结构,实现乡村高效生态,推进现代化农业绿色、协调、优质、品牌、可持续。三是扩大自然生态屏障改革,不断加强扩大自然生态屏障,以国家牵头加快建设生态保护区、水资源保护区、公益林区、公园等为主体的生态保障。四是消费模式和生活方式改革,取缔高量产、高消耗、高排放的粗放型生产方式和消费模式,注重发展资源、生产、消费相协调、相匹配的生产和消费方式;倡导绿色低碳的生活方式,杜绝铺张浪费,引领勤俭节约、健康生活文明新时尚;倡导社区、乡村、学校、企事业单位以及家庭为载体的生态文明单位创建,构建生态文明宣传教育体系,培育崇尚生态、保护环境的社会氛围。

(二)推进山水林田湖草沙一体化保护治理

一体化治理粗略划分为治山一体化、治水一体化、治田一体化、治草一体化、治沙一体化等。这里仅就山和水的治理加以概述,田治理分章概述。一是治山一体化,山以林为主,山林是陆地生态为主体,我国森林资源极其丰富,民间也常说"靠山吃山、靠水吃水",表达了山林是人类赖以生存的自然资源,提供了人类生存的场所,也提供了人类多种多样的食物,森林天然氧吧是现代人修养身心好去处,森林食品也受到人民群众的追捧,山林不仅影响人类的生存,还与水土资源、物种安全、气候安全等人类生存资源密切相关。实现乡村绿化,要依靠持续地推进乡村绿化建设,在保护好乡村生态环境的基础上,将乡村绿化规划与地域特点、产业发展、风土人情、历史遗迹等因素相结合推进乡村绿化;利用好乡村庭院、路边、房前屋后空地、河道、荒山荒地等闲置资源,构建乡村森林生态屏障;要依靠提升森林质量,养育森林需要长时间坚持、国家和地方制定好育林政策,划定好区域,出台好法律法规,建设好森林防护队伍,实行护林员制度,完善森林防护的奖励和惩罚机制,调动好人民群众力量,联合森林防治病虫害专家、森林树种专家、树木保护专家等建成群育群护的森林质量体系,实现藏富于林、藏宝于山,基层党组织、村组织要推动森林生态文化广泛传播,提升人民群众爱护森林意识;要依靠健全乡村绿化长效机制,在做好乡村规划发展的同时加大乡村绿化比重,地方政府通过租用、流转、补助等多种形式保证绿化用地需求,可结合乡村公益性岗位建立管养机制;要依靠林业发展生态效益与经济效益共赢,加快林产品品质提升和品牌培育,推进林业产业融合,带动乡村振兴。如辽宁省铁岭市西丰县素有天然氧吧之称,森林覆盖率达到70%以上,大力发展了柞蚕、榛子、中草药材、苹果等依托森林生态资源产业,打造独具特色的"一村一品",促进农民增收,乡村脱贫振兴。二是治水一体化,包含了治理江河湖溪等内容。人的生存离不开水,而我国水资源分布不均,人均水资源分配较低,当前我国正处于加快社会主义现代化建设时期,中国式现代化发展包含了工业现代化、农业现代化、城镇化、信息化综合发展的现代化,中国式现代化是实现人口基数庞大的现代化,发展的同时必然造成水资源的过度开发、粗放利用、污染严重等问题,中国式治水一体化,强调与治山、治林、治田等相结合的一体化,加快构建符合中国国情、适应中国发展的水生态保护、水资源利用和水安全保障体系势在必行。中华民族几千年来亲近水,关心水,爱护水,积累了大量的治水用水的经验,这些经验是中华民族智慧的结晶。当前水问题已然成为人民群众所关注的社会热点问题,"因地制宜、治标治本、多策并举、综合施策"才能真正达到治水目的。浙江省是我国水资源丰富的省份,在治水方面取得了成功的经验,实现了水质量提升与产业发展相适应的治水格局,提出了"治污水、防洪水、排涝水、保供水、抓节水"的综合治水方法,建立省、市、县、乡、村五级联动"河长制",实现了党政主导、人民主体、企业主力、社会主动的共治共享格局。

第二节　牢牢守住18亿亩耕地红线

耕地保护是指运用法律、行政、经济、技术等手段和措施,对耕地的数量和质量进行的保护。耕地保护是关系我国经济社会可持续发展的全局性战略问题。"十分珍惜、合理利用土地和切实保护耕地"是必须长期坚持的一项基本国策。

一、耕地保护在乡村振兴中的重大意义

近年来,我国农业结构不断优化,区域布局趋于合理,粮食生产连年丰收,有力保障了国家粮食安全,为稳定经济社会发展大局提供坚实支撑。与此同时,部分地区也出现耕地非粮化倾向,一些地方把农业结构调整简单理解为压减粮食生产,一些经营主体违规在永久基本农田上种树挖塘,一些工商资本大规模流转耕地改种非粮作物等,这些问题如果任其发展,将影响国家粮食安全。党的二十大报告指出:"全方位夯实粮食安全根基,全面落实粮食安全党政同责,牢牢守住18亿亩耕地红线,逐步把永久基本农田全部建成高标准农田。"在乡村振兴发展指导意见中也着重指出了:"夯实农业生产基础能力的要求,藏粮于地、藏粮于技,严守耕地红线,落实永久基本农田保护制度,大规模推进农村土地整治和高标准农田建设。"《中共中央国务院关于做好2023年全面推进乡村振兴重点工作的意见》(2023年中央一号文件)中确定了"坚决守牢确保粮食安全的重点工作,加强耕地保护和用途管控,严格控制耕地转为其他用地,加大撂荒耕地利用力度;加强高标准农田建设,补土壤改良和农田灌溉设施等短板"。做好2023年和今后一个时期"三农"工作,要坚持以习近平新时代中国特色社会主义思想为指导,全面贯彻落实党的二十大精神,深入贯彻落实习近平总书记关于"三农"工作的重要论述,认真落实党中央、国务院决策部署,采取有力举措防止耕地"非粮化",切实稳定粮食生产,牢牢守住国家粮食安全的生命线。

二、加强耕地保护主要路径和方法

加强耕地保护工作中,首先要明确中国农田紧缺的基本地情,清楚认识到我国人口众多,人均耕地少的基本国情。在这样的地情国情背景下,加强耕地保护是保住14亿人口口粮的基本国策,事关国家安全,具有重大意义。第一书记在助推乡村振兴发展中,如何保护好"祖宗田",为后代保留好优质可耕的"子孙田",实现乡村经济社会可持续发展,是一个重要

而现实的时代课题。加强耕地保护的主要途径有管控红线、节约集约、占补平衡、提升质量、合理规划。

管控红线。在党的十九大报告中就明确要求划定国家生态保护、永久基本农田和城镇开发边界三条红线。党的二十大报告进一步明确要求牢牢守住18亿亩耕地红线,逐步把永久基本农田全部建成高标准农田。《中共中央国务院关于做好2023年全面推进乡村振兴重点工作的意见》(2023年中央一号文件)明确指出了加强耕地保护和用途管控,严格耕地占补平衡管理,实行补充耕地验收评定和"市县审核、省级复核、社会监督"机制,确保补充耕地数量相等、质量相当、产能不降,严格控制耕地转为他用,探索耕地种植用途管控机制。从近些年我国关于管控耕地红线的重要论述来看,持续推进乡村振兴战略,确保中国人的饭碗牢牢端在自己手中,牢牢守住耕地红线,是一项基本国策。全国各地严格按照国家管控耕地红线政策和措施,大力推进和落实永久基本农田划定和保护工作,加快进行高标准农田建设工作,当前全国各地永久基本农田划定工作基本完成,持续推进高标准农田建设。以辽宁省为例,按照行政村3000亩集中连片、土壤优良、适合规模经营和机械化耕作为标准,逐步加强农田水利、交通等设施建设,建设高标准农田示范区和永久基本农田示范区,管控耕地红线取得重大成效。同时,国家规定永久基本农田划定之后,任何单位和个人不得擅自占用或他用,依法查处违法占用行为,制度和法律管控耕地红线;继续进行高标准农田质量提升工程,保证耕地红线数量,确保耕地质量。

节约集约。节约集约是实现乡村耕地保护的必然选择,一是通过节约集约控制农村用地增量,盘活现有存量,以控制增量倒逼存量。现阶段我国乡村土地存量处于饱和状态,随着乡村人口不断流失,专业农民人口老龄化,导致乡村荒地、山地等存量更加减少,这就要求乡村现阶段加大耕地节约集约工作力度,倒逼乡村土地存量效能。按照中央供给侧结构性改革要求,用市场调节乡村土地供给结构,提高乡村土地供给质量和效率,适应新时代乡村土地供需,更好适应经济发展和民生需求。二是通过调整乡村产业结构,以一二三产融合发展为导向,以规模管控为途径,盘活农村建设用地存量,推进农村全域土地整治。三是依托政府,统一规划,整体布局,结合乡村耕地实际情况,开展以山、水、林、田、路等综合要素的土地综合整治。四是合理安排基本农田建设、现存土地整理、建设用地复垦、生态环境修复等工程建设,形成有序聚集、空间布局合理高效的土地利用格局,有效保障新农村耕地需求。

占补平衡。占补平衡是当前我国有效保护耕地红线的重要举措之一。"占一补一""占优补优""占水田补水田"是保障耕地平衡政策,平衡点在于质量和总量。占补平衡质量在于提升现有存量的质量,按照因地制宜要求旱田改水田,数量上实现"占一补一";提升耕地质量落实"占优补优";以"旱田改造水田"落实"占水田补水田"。

提升质量。保障耕地质量,一是要强化土地整治过程管理,对补充耕地项目不能只追求数量忽略质量,补充耕地要符合耕地准入程序,经过立项、设计、实施、验收、报备、复审、监管等程序,确保新增耕地数量保证,质量达标。在准入的同时实施生态保护,按照山水林田湖草沙一体化保护要求,杜绝以毁林毁山为代价开垦耕地。二是严格耕地质量评定,在建设基本农田示范区、高标准农田质量提升工程等项目中,牢牢把控工程质量。三是健全耕地生态保护补偿机制,全国地方,尤其探索在乡村实行耕地生态保护补偿机制,能够直接保护农民保障耕地数量和质量积极性,同时通过生态补偿直接扩增经济效益,增加村集体经济和农民增收。四是科学技术提升耕地质量,可以与高等院校、科研院所合作,加大对土壤生态改善的力度,引进适合的轮作休耕技术,保障耕地质量。

合理规划。合理规划是指合理规划永久基本农田、城镇开发边界和生态保护红线。随着我国城镇化不断加快,城镇人口压力不断增大,城镇资源承载超负荷,一定程度上打破城镇和乡村资源平衡的格局。保证乡村耕地资源,要在城镇化进程中注重合理规划、顶层设计。合理确定城镇发展、农业生产、生态保护空间比例结构,在保障生态不被破坏前提下划定开发边界、生态保护红线和永久基本农田控制线。坚持运用好"以存量换增量""以效率换用地""以管控保生态",优化资源配置,促进乡村与城镇协调发展。在划定三条管控线的同时,切实强化空间管控,明确各类空间管控办法和措施,引导空间资源有效配置,制定以功能定位为参考的考核管理办法,强化评价结果应用;制定乡村差异化的环境评价标准及财政与质量评估挂钩的生态补偿政策;推进生态功能转型发展,走生态功能特色化、可持续发展道路,促进乡村生产发展高效,生活空间宜居,生态环境良好和谐发展;探索生态旅游、生态工业转型、生态农业精品化的生态经济体系,发展乡村服务业,促进经济效益与生态效益协同发展。

第三节 打造生态农业良性循环体系

生态农业,是按照生态学原理和经济学原理,运用现代科学技术成果和现代管理手段,以及传统农业的有效经验建立起来的,能获得较高的经济效益、生态效益和社会效益的现代化高效农业。

一、生态农业良性循环体系

生态农业良性循环体系要求把发展粮食与多种经济作物生产,发展大田种植与林、牧、副、渔业,发展大农业与第二、三产业结合起来,利用传统农业精华和现代科技成果,通过人工设计生态工程、协调发展与环境之间、资源利用与保护之间的矛盾,形成生态上与经济上两个良性循环,经济、生态、社会三大效益的统一。随着中国城市化的进程加速和交通快速发展,生态农业的发展空间将得到进一步拓展。2021年,习近平主席在《生物多样性公约》第十五次缔约方大会领导人峰会视频讲话中提出:"绿水青山就是金山银山。""绿色农业指的是以可持续发展为基本原则,充分运用现代化科技和先进的管理理念",构建绿色发展路径,让经济发展和绿色生态共生共融。党的二十大报告指出:我国还存在粮食安全问题,坚持绿色、循环、低碳发展,坚持问题导向,增强问题意识、聚焦实践遇到的新问题、解决人民群众急难愁盼问题。建立乡村生态农业良性循环体系,是从把握全局和局部、当前和长远的前瞻性思考、全局性谋划出发。《中共中央国务院关于实施乡村振兴战略的意见》(2018年中央一号文件)指出:"新时代实施乡村振兴战略具有重大意义,农业农村农民问题是关系国计民生的根本问题,当前我国乡村面临着农业现代化发展不平衡不充分矛盾最为突出的状况,到2035年建成农业结构根本性改善、生态环境根本性好转、农业农村现代化基本实现。"第一书记要充分认识到,随着时代的快速发展,绿色经济也逐渐走入千家万户,城乡居民的生活品质也被贴上绿色健康的元素符号。这意味着生态农业体系为这种需求产生变化,生产出符合绿色健康的优质农业产品。这是第一书记助推"三农"发展,乡村振兴的重要途径和举措。保护生态环境系统的同时,促进农业经济和社会效益的良性循环体系,在此基础上,探索发展高效绿色生态农业是我国农业产业经济可持续发展的必经之路,也是实现乡村振兴的必经之路。

二、第一书记推进生态循环农业建设的切入点

乡村发展生态循环农业主要目标是减少乡村资源消耗和环境污染,进而达到农业经济高质量发展和生态环境高质量建设的动态平衡。推进生态循环农业以减量化、再利用和资源化为基本原则,以高效循环利用和生态环境保护为发展导向,以调整优化农业生态系统生产、消费机构为主要途径,以促进农业经济活动与生态良性循环可持续发展为要求,充分调动生态循环农业高效化、清洁化、循环化、无害化优势,实现农业现代化高质量发展目标。第一书记助推生态循环农业体系建设,助力乡村振兴需结合转变生产方式、优化产业结构、推进科技人才支撑、优化服务组织保障等,立足当下,着眼长远。

以转变生产方式为切入点。转变农业生产方式主要是通过转变乡村农业经营主体观念、改善农业生产基本条件、推进清洁生产和农作制度创新。一是转变乡村农业经营主体观念,实现农业经营增收。《中共中央国务院关于做好2023年全面推进乡村振兴重点工作的意见》(2023年中央

一号文件)明确指出,"深入开展新型农业经营主体提升行动,支持家庭农场组建农民合作社、合作社办企业、带动小农户合作经营,完善社会资本流转取得土地经营资格审查、项目审核和风险防范制度"。结合文件意见,培育实施和带动农业经营主体,支持农业专业合作社、家庭农场、种植大户等新型农业经营主体发展生态循环农业是重要举措之一,同时在转变新型农业经营主体观念同时,引入民间资本、实体企业、社会资本等投入生态循环农业开发,加快形成集农业龙头企业、农民专业合作社、家庭农场和种养大户、社会资本投入为一体的生态循环农业组织体系,发展生态循环产业。二是加强实施农业基础设施建设,农业基础设施建设项目是第一书记转变生产方式的重要抓手。完成高标准农田新建和升级改造工程,补齐土壤改良、农业灌溉设施,推进永久基本农田向高标准农田改造;加强农田水利基础设施建设,推行重大水利工程建设;发展现代设施农业等。三是大力推进清洁生产,探索科学用肥和减少农药用量方法,培育壮大无公害农产品、绿色产品和有机食品产业,提升农产品优质化水平。四是推进农作制度创新,坚持保护为主,用养结合,推广农牧合作、水旱轮作等新生态农作制度,改良农田自然生态系统。

以优化产业结构为切入点。随着我国经济社会的飞速发展,供给侧结构性改革的深入实施,农村产业结构适应时代发展要求,不断发生变化,要求第一书记密切联系乡村发展实际,优化产业结构,推进生态循环农业发展进程。优化产业结构要加快发展农产品加工流通业、现代乡村服务业、乡村新产业新业态;要注重统筹发展生态畜牧业和生物优质产业。在加快农产品加工流通业方面,注重农产品加工业提升行动,推行以家庭农场、农民合作社、中小微企业为主体的农产品产地初加工,提升农产品附加值,引导大型农业企业发展农产品精细加工;注重农产品加工产业园发展,推动以产地延伸、园区集中为特色的一体化农产品产业结构;注重农产品流通渠道,实施集生产、加工、集散、批发市场综合体建设,布局仓储和冷链集配。在加快乡村现代服务业方面,第一书记以县域经济循环发展为主要落脚点,推进县域城镇、乡村一体化发展格局,助推乡村电子商务和快递物流配送体系发展,加强与现代快递业、物流运输业、国有企事业等行业合作,建成以县域采集配送为中心,农村客货物流融合的现代物流服务业;注重乡村食品、休闲旅游、文化体育产业等生活服务,促进乡村现代服务业多方面、全方位发展。在加快培育新产业新生态方面,第一书记要发挥人才资源优势,贡献智慧和力量,在现代农业产业园建设、打造优势产业集群、现代农业现代化示范区建设、文化产业、数字经济、电商直采定制等新产业新业态引进和实施中不断探索,推进生态循环农业发展。在统筹发展生态畜牧业和生物优质产业方面,要统筹合理布局发展生态畜牧业,按照种养结合、资源循环、废物利用、协调发展思路,推广农牧结合的生态养殖模式;统筹发展生态优质产业,提高农业废弃物资源化再利用率,转化废弃物为新肥料、新燃料等资源,例如利用农作物秸秆加工动物饲料或加工生物碳燃料等,实现生态循环农业的循环综合利用。

以科学技术创新引进为切入点。第一书记可以利用原单位的资源,整合高校、企事业单位、科研院所科学技术优势,做好生态循环农业技术标准制定;做好以实践为推动的生态循环农业技术集成;做好科学技术在生态循环农业中的推广与应用。在技术标准体系方面,加快形成生产、质量、加工、经营、物流、环境一体化标准体系,建立起现代化生产、管理和服务的生态循环农业。在生态循环农业技术集成方面,注重节约农业资源和生态环境保护的生态农业技术、立体复合的农耕制度、精细加工技术、废弃资源再利用技术及相关产业链技术等综合集成,为现代生态循环农业提供技术支撑。在技术推广方面,分级分类开展培训,开展农业技术示范、实验,科技入户等,培育一批生态循环农业科技带头人,带动生态循环农业技术的推广和应用。

以落实组织保障为切入点。第一书记以组织为依托,在农业生产专业化服务、农业废弃物再利用服务等方面发挥作用。将政府支持政策,市场化运作,科研机构合作,社会资本导入有机结合,跨区域、跨产业发展生态循环农业。

第四节 大力推进乡村环境治理

当前,我国农村人居环境状况不平衡,脏乱差等问题依然突出,大力推进乡村环境治理,改善农村人居环境,建设美丽宜居的乡村,是实施乡村振兴战略的一项重要任务,事关广大农民群众的福祉,事关农村社会的文明和谐。

一、我国新时代关于乡村环境治理的重要论述

2014年国务院办公厅发布《关于改善农村人居环境的指导意见》,指出到2020年,农村人居环境基本实现干净、整洁、便捷,党的十九大报告提出了实施乡村振兴的新战略,将建设"生态宜居"的新农村放在更重要的位置。《中共中央国务院关于实施乡村振兴战略的意见》(2018年中央一号文件)指出:"农村环境问题比较突出,乡村治理体系、治理能力亟须加强,到2020年农村人居环境明显改善,到2035年农村生态环境根本好转,美丽宜居乡村基本实现。"该意见对加强农村突出环境治理问题综合治理作了详细描述。随后,中共中央关于制定国民经济和社会发展第十四个五年规划和二〇三五年远景目标的建议中指出:要优先发展农业农村,全面推进乡村振兴,因地制宜推进农村改厕、生活垃圾处理和污水治理,实施河湖水系综合整治改善农村人居环境。2018年中共中央办公厅、国务院办公厅印发的《农村人居环境整治三年行动方案》指出:"到2020年,实现农村人居环境明显改善,村庄环境基本干净整洁有序,村民环境与健康意识普遍提高。主要从推进生活垃圾治理、开展厕所粪污治理、梯次推进农村生活污水治理、提升村容村貌,加强村庄规划管理,完善建设和管护机制等六个方面达到此目标。"党的二十大报告指出:"我们坚持绿水青山就是金山银山的理念,坚持山水林田湖草沙一体化保护和系统治理,全方位、全地域、全过程加强生态环境保护,生态文明制度体系更加健全,污染防治攻坚向纵深推进,绿色、循环、低碳发展迈出坚实步伐,

生态环境保护发生历史性、转折性、全局性变化,我们的祖国天更蓝、山更绿、水更清。"第一书记在助推开展乡村环境治理工作中,需要深刻学习乡村环境治理的重要论述,坚决贯彻党的二十大报告提出的深入推进环境污染防治的意见,扎实落实《中共中央国务院关于做好2023年全面推进乡村振兴重点工作的意见》(2023年中央一号文件)推进农村人居环境整治提升的措施,推进宜居宜业和美乡村发展。

二、当前第一书记推进乡村环境治理工作的思路与措施

当前第一书记做好乡村环境治理工作的主要思路是推进乡村人居环境整治和打造美丽田园规划相结合。在推进乡村人居环境整治工作中,要以2023年中央一号文件为遵循,充分总结乡村环境治理所取得的成功经验,结合现阶段乡村环境治理所面临的现实问题,统筹好村庄公共空间整治,治理乡村污染,开展村庄清洁行动,持续落实好乡村生活污水治理、垃圾分类处理、厕所革命、废弃物再利用等具体措施,开展爱国卫生运动,在乡村营造保护环境良好氛围。在推进乡村人居环境整治工作的同时注重统筹规划美丽田园建设,因地制宜开展好田园环境清洁,基础设施配套,调整优化产业布局,建立健全长效机制。第一书记在乡村环境治理工作中要抓好整治、做好规划,以突出问题为导向,以美丽乡村建设为目标,持续抓环境整治,扎实助力乡村振兴。

推进乡村人居环境整治主要措施。一是乡村污染治理。现阶段我国乡村污染问题主要表现在乡村工业污染、建筑垃圾污染、农业种养污染、生活污染。整治乡村工业污染方面要以"培育零污染,改造小污染,聚集小而散,消灭重污染"为发展思路,开展乡村工业集群转型升级,中小型工业企业进入工业园区,关停高耗能、重污染企业;减少乡村建筑垃圾方面,进一步完善乡村与周边城镇统筹规划发展,合理布局乡村城镇化进程的村庄、人口布局,倡导使用节能环保新工艺、新材料,不搞重复、过度浪费建设,清理乡村违法建筑;在防控农业种养方面,持续推进化肥、农药减量增效新办法、新技术,加大农田残膜、农药废弃包装物处理回收,对畜牧业

严格按照标准化养殖场建设要求执行,最大程度减少环境污染,及时调整畜牧业产业格局,深入实施秸秆焚烧制度,减少农村大气污染,避免由秸秆焚烧所造成的森林火灾、田园火灾等次生伤害,避免出现危害人民群众生命财产安全的重大伤害事故,推行种养结合、农牧结合,实现农业废弃物循环再利用;清理乡村生活垃圾,重点提升村庄污水处理能力,注重打造乡村生活污水截污纳管和运维管理配套管网建设等。

二是深度推行垃圾分类处理、厕所革命、废弃物再利用等重要举措。当前我国乡村在垃圾分类处理、厕所革命、废弃物再利用等工作还有待进一步加强,很多环节需要进一步改善,政策需要深度执行。在垃圾分类处理环节中,持续加强培养村民垃圾分类习惯,宣传普及垃圾分类方法,引进切实可行的垃圾分类方式,推进乡村垃圾分类和综合利用的途径,建设以村为重点,推进"户装、村收、镇运、县域处理"全覆盖的垃圾分类体系,第一书记在垃圾分类工作中可以结合巩固脱贫攻坚成果的举措,探索建立以建档立卡户贫困人口为参与主体,调动有劳动能力的贫困人口加入乡村环境保护工作中来,通过设立公益岗、道德岗,提升乡村贫困人口的内生动力,通过劳动获得一定经济收入。推进厕所革命环节中,已经进行厕所改造的乡村对基础设施加强维护提高利用率,对没有进行厕所改造的乡村加快进行改造,第一书记要注意厕所改造过程中政策落实是否到位,村民遇到什么样的实际困难,实施结果是否满意,还要改进的主要问题。废弃物再利用环节中,引入厕所粪便、易腐烂垃圾、有机废弃物就近就地资源化利用措施。例如沈阳农业大学研发蚯蚓土技术,利用排泄物、易腐烂垃圾、有机废弃物作为养殖主要原材料,通过养殖蚯蚓,做成有机肥料,不仅改善了土壤环境,还可以减少化肥使用,减少土壤污染,增加百姓经济收入。

三是持续开展爱国卫生运动。爱国卫生运动的开展是提升乡村环境治理的十分重要途径,活动的开展能够提升百姓爱护环境意识,掌握保护环境方法,养成良好卫生习惯,尤其在对重大传染性疾病可以有效预防,第一书记可以通过"党建+环境治理"模式持续开展爱国卫生运动,经常性开展以乡村环境保护为主题的党日活动,发挥党支部堡垒作用,永葆党员同志先进性,在村民中起到模范带头作用。

打造乡村美丽田园综合体的主要措施。打造美丽田园综合体是提升乡村环境的发展方向,是建设美丽乡村的重要举措。当前我国乡村发展相对处于落后状态,各种基础设施建设凌乱,通信、电力、交通等设施杂乱无章,民房私搭乱建,破败废弃用房随处可见,垃圾场地配套不合理,废弃物垃圾随处可见,不仅造成环境污染,与美丽乡村建设也差距甚远。要切实解决农村"脏乱差"现象,一是要推进田园环境清洁化,以村为单位,建立合理垃圾存放点,综合周边相邻村需要,设立便民垃圾场,重点整治田间地头、水边河道、道路排水沟渠等被随意丢弃的生产生活垃圾,实时动态加强田园清洁,对农业生产经营所建设标准低、使用率低、布局不合理的设施进行更新、改造、维护,对违法设施建筑予以拆除。二是加强基础设施配套,在建设过程中兼顾田园、绿化、道路、农田、水利、通讯、电力、民宅、生产场所、垃圾站等各方面基础设施,进一步净化田园空间环境。三是调整优化产业布局,减少碎片化种植和季节性抛荒,科学布局种养业,建设美丽牧场、生态牧场。四是健全长效的田园环境保护机制,建立网格化的田园环境整治和保护体系,落实好看管人员、经费支撑和责任分工,建立健全农田设施管理及保护机制、田园环境日常保洁机制。第一书记在衔接脱贫攻坚成果推进乡村振兴工作中,注重脱贫攻坚中所设立的道德岗、公益岗,是落实田园日常保洁的有效抓手。

第五节 确保粮食安全

粮食安全是指保证任何人在任何时候能买得到又能买得起为维持生存和健康所必需的足够食品。这一概念主要涉及粮食的供给保障问题,它经历了一个较长时间的演变过程。

一、粮食安全战略的重要论述

1974年,联合国粮农组织对粮食安全的定义为:粮食安全从根本上讲指的是人类的一种基本生活权利,即"应该保证任何人在任何地方都能够得到未来生存和健康所需要的足够食品",强调获取足够的粮食是人类的一种基本生活权利。1983年,联合国粮农组织对这一定义作了修改,提出粮食安全的目标为"确保所有的人在任何时候既能买得到又能买得起所需要的基本食品"。《中共中央国务院关于实施乡村振兴战略的意见》(2018年中央一号文件)对粮食安全问题做了系统描述,意见指出:"提升农业发展质量,首先要实施藏粮于地、藏粮于技战略,严守耕地红线,确保国家粮食安全,把中国人的饭碗牢牢把握在自己手中。"党的二十大报告明确了继续实施乡村振兴战略,报告指出了:"全方位夯实粮食安全根基,全面落实粮食安全党政同责,牢牢守住18亿亩耕地红线。"2022年习近平总书记看望参加全国政协十三届五次会议的农业界、社会福利和社会保障界委员时讲话强调:"在粮食安全这个问题上不能有丝毫麻痹大意,不能认为进入工业化,吃饭问题就可有可无,也不要指望依靠国际市场来解决。要未雨绸缪,始终绷紧粮食安全这根弦,始终坚持以我为主、立足国内、确保产能、适度进口、科技支撑。"中央连续多年一号文件均对粮食问题做了重要论述,《中共中央国务院关于做好2023年全面推进乡村振兴重点工作的意见》(2023年中央一号文件)更是直接指出要做好全面推进乡村振兴重点工作意见,意见第一条就指出了要抓紧抓好粮食和重要农产品稳产保供,全力抓好粮食生产,全年产量保证在1.3万亿斤以上,全方位夯实粮食安全根基。我们坚信按照"以我为主、立足国内、确保产能、适度进口、科技支撑"的发展战略,必能确保我国粮食安全。

二、确保粮食安全战略实施的乡村主战场作用

乡村作为粮食主产区,是粮食安全战略实施的主战场。粮食安全战略能否得到有效保障,乡村这一主战场起到了决定性的作用。第一书记们要清醒地认识到,中国式现代化的全面推进,社会主义现代化国家建设,最艰巨最繁重的任务仍然在农村,中国是具有庞大人口基数的国家,保障好14亿人口的口粮事关国家安全发展、事关人民生命健康安全、事

关民族复兴。2023年中央一号文件是今后一个时期"三农"工作重要指导性方针,意见首要提出了如何保障粮食安全,为今后一个时期确保我国粮食安全战略指明了发展方向和保障措施,是第一书记做好粮食安全工作的重要遵循,同时做好粮食安全工作,要在如何保障粮食量的安全和粮食质的安全质量方面进行思考。

保障粮食安全的重要措施。抓粮食安全是第一书记服务"三农"的一项重要工作,同时也是促进乡村振兴的一条重要途径。一是抓粮食生产保证数量,要实现粮食产量保持在1.3万亿斤以上的目标主要是保障18亿亩耕地红线不动摇,持续落实永久基本农田保护制度不动摇,加快高标准农田建设和质量提升工程不动摇。二是多元化食物供给增加食物种类,丰富乡村多元化食物供给,探索构建粮经饲统筹、农林牧渔结合、植物动物微生物并举的多元化食物供给体系。三是统筹粮食和重要农产品调控保证粮食数量,加强化肥等农资生产、储运调控等。四是发展现代设施农业增加粮食产量,注重农业现代化提升行动,加快粮食存储、物流等设施建设,推进老旧设施改造,开发新的设施农业,加强水利基础设施建设。五是加强法律保护保障粮食生产数量,持续加强耕地保护和用途管控,严格耕地占补平衡管理,确保补充的耕地数量相等、质量相当、产能不降。六是强化农业防灾减灾能力保障粮食生产数量,注重旱涝灾害防御体系建设和农业生产防灾救灾。保障粮食品质的安全举措。七是加大政策力度保障粮食生产数量,完善农资保供稳价应对机制,健全主产区利益补偿机制,增加产粮大县奖励资金规模,鼓励发展粮食订单生产,实现优质优价,严防"割青毁粮",严格省级党委和政府耕地保护和粮食安全责任制考核,推动出台粮食安全保障法。八是用科学技术实现藏粮于技,推动农业关键核心技术攻关与应用,深入实施种业振兴行动,加快先进农机研发推广。九是推进农业绿色发展,保障粮食健康安全,加快农业生产化肥、农药等投入品减量,加深土壤改造增效技术推广应用,建立健全秸秆、农膜、农药包装废弃物、畜禽粪污等农业废弃物收集利用处理体系,健全耕地轮作休耕制度,强化受污染耕地安全利用和风险管控等。十是健全多元投入机制保障粮食安全,稳步提高土地出让收益用于农业农村比例,重点保障粮食安全信贷资金需求。

综合来说,粮食安全事关国计民生,事关人民群众切身利益,将中国人的饭碗牢牢把握在自己手中是永恒的时代命题,是乡村振兴发展的重要命题,做好粮食安全工作不仅要统筹协调乡村振兴等国家重大战略部署,同时要注重"三农"发展的农业投入、民生工程、科学技术、政策保障、机制健全、市场调控、法律约束等内容,粮食安全蕴含了"三农"发展的方方面面,只有以粮食安全发展为战略目标,才能保障民生、得到民心,只有粮食安全人民生命健康才能得到保障,乡村振兴,民族复兴。

第七章　驻村第一书记:弘扬乡村文化精髓

　　文化是民族的血脉和灵魂,乡村文化是乡村振兴发展的血脉和灵魂,乡村文化是民族文化的重要组成部分。乡村文化承载着中华民族的精神记忆和人民的精神家园。乡村文化更是乡村的根脉,文化兴则乡村兴,文化强则乡村强。党的二十大报告指出,新时代积极发展社会主义先进文化,社会主义核心价值观广泛传播,中华优秀传统文化得到创造性转化和创新性发展,并深刻阐释了坚持和发展马克思主义必须同中华优秀传统文化相结合,把中华优秀传统文化与社会主义核心价值观高度契合,将二者精髓融会贯通,赋予马克思主义鲜明的中国特色。当前我国加快构建发展新格局,推动高质量发展,以乡村振兴战略全面推进乡村高质量发展,中国式现代化包括中国农业现代化,加快中国农业现代化要推动产业、人才、生态、文化、组织振兴,坚持乡村全面振兴要统筹规划经济、政治、文化、社会、生态文明建设。

　　第一书记要认识到铸就社会主义文化要坚持社会主义意识形态,牢牢把握党对意识形态工作的领导权,用党的创新理论教育人民,指导乡村振兴发展实践。在乡村振兴工作中广泛践行社会主义核心价值观,把社会主义核心价值观融入乡村振兴、融入乡村法治、融入乡村社会发展、融入百姓日常生活。要提升乡村社会文明建设水平,实施村民道德工程建设,要注重发展乡村文化事业、文化产业,要增强乡村中华文明的传播力影响力。围绕乡村振兴战略繁荣兴盛农村文化,焕发乡风文明新气象的具体要求,扎实开展好农村思想道德建设,传承发展提升农村优秀传统文化,加强农村公共文化建设,开展移风易俗行动等举措。在具体工作中重点围绕习近平新时代中国特色社会主义思想引领、培育践行社会主义核心价值观、传承发展乡村优秀传统文化、增强乡村公共文化活力、培育文明乡风、建设乡村文化阵地、培养乡村文化队伍等途径,推进乡村文化发展,乡村振兴发展。

第一节 传承乡村优秀传统文化

我们党历来重视"三农"问题,中华人民共和国成立后,党和政府为解决"三农"问题采取了一系列措施,取得了重大成就。乡村振兴战略是解决我国"三农"问题的又一重大战略性举措,是一项涉及政治、经济、文化、生态、社会的系统性工程。乡村振兴战略关于传承发展提升农村优秀传统文化给出了具体描述,根本在于立足乡村文明,同时吸取城市文明及外来文化优秀成果,在保护传承的基础上,创造性转化、创新性发展。

一、传承乡村优秀传统文化意义所在

党的二十大报告指出:"我们要坚持马克思主义在意识形态领域指导地位的根本制度,……发展社会主义先进文化,弘扬革命文化,传承中华优秀传统文化,满足人民日益增长的精神文化需求,巩固全党全国各族人民团结奋斗的共同思想基础,不断提升国家文化软实力和中华文化影响力。"文化建设是我国"五位一体"建设中的关键一环,乡村优秀传统文化建设更是新时代文化建设的重要组成部分。我国历年来的中央一号文件,可以清楚直接地反映出乡村优秀传统文化建设是新时期发展农村、服务农民的首要任务,是我国新时代国家建设的关键环节。农业丰则基础强,农民富则国家盛,农村稳则社会安。就第一书记具体开展工作而言,一是要切实保护好优秀农耕文化遗产、推动优秀农耕文化遗产合理适度利用;二是要深入挖掘农耕文化蕴含的优秀思想观念、人文精神、道德规范,充分发挥其在凝聚人心、教化群众、淳化民风中的重要作用;三是注重乡村建设的历史文化保护,保护好历史记忆遗产;四是要支持农村地区优秀戏曲曲艺、少数民族文化、民间文化等传承发展。综上所述,文化振兴是乡村振兴的精神基础,贯穿于乡村振兴的各领域、全过程,为乡村振兴战略的实施提供不竭的精神动力。伴随着乡村文化振兴战略的实施,乡村优秀传统文化也迎来了新时代。

二、传承乡村优秀传统文化的方式方法

中国乡村土地上孕育大量优秀传统文化,党的百年历史经验提示我们坚定历史自信,文化自信,寻求历史主动。第一书记在乡村优秀传统文化传承中要注重历史智慧挖掘,要注重留住乡音、乡风、乡思,要注重因地制宜的乡村本土优秀传统文化的创造性转化和创新性发展,提升乡村文明,在取得物质文明飞速发展的同时,促进乡村精神文明进步,为乡村振兴发展提供精神力量。

一是注重弘扬优秀家庭文化。家庭美德是中华民族传统美德的重要组成部分,在中华民族几千年历史发展中发挥了极其重要的作用。家庭是社会的最小单元,良好的家风、家训不仅直接促进了家庭的良好发展,也间接影响和谐社会发展,良好的家训家风有利于家庭和谐稳定,家庭和谐稳定有利于社会和谐稳定,良好的家风在和谐社会建设与发展中具有其独特的时代特征和现实意义。基层党支部是党组织开展工作的基本单位,担负着直接组织群众、宣传群众、凝聚群众的重要作用,第一书记是基层党支部的重要一员,通过党支部工作,挖掘具有地域属性的优秀传统文化,并将优秀传统文化与社会主义核心价值观实践相结合起来,推动独具特色的乡村优秀传统文化与社会主义先进文化融合发展,推动形成新时代乡村优良家教家风。具体工作中可以通过倡议书广泛宣传乡村优秀个人事迹、模范人物;通过编写村史与家谱、家训、家规等推动好家训、好家风代代相传,引导、教育群众传承传统美德。

二是注重推广方志文化。一方水土养一方人,方志文化具有符号记忆特征,具有存史、资政、育人等功能,我国地方志每20年编撰一次,方志文化包含了中华优秀传统文化和中国特色社会主义文化,对于总结改革发展经验,促进乡村经济社会发展,推动乡村振兴战略的实施具有重要意

义。第一书记要以乡村方志文化为切入点,系统收集、整理、建立、完善乡村方志,以第一书记常态化制度为契机健全志书、年鉴、地情等保存管理机制;综合运用社会调查、资料收集等方式方法,做好乡村人文历史的普查和保护;挖掘具有特色的地方文化,有条件的地方要开发利用宝贵的乡村文化,建立乡村文化记忆基地、展馆等增强百姓归属感;利用"互联网+"平台,推动地方志数字化,广泛宣传优秀地方志文化。

三是注重传承非物质文化遗产。乡村是非物质文化遗产的宝库,很多手工技艺、表演艺术、民俗节日等非物质文化遗产诞生于乡村,流传于乡村,非物质文化遗产具有塑魂、兴业、育人、娱乐等功能。随着社会的发展变化,很多传统非物质文化遗产即将失传,"非遗"保护传承迫在眉睫。做好非物质文化遗产的传承和保护工作,主要在于一是坚持"保护为主、抢救第一、合理利用、传承发展"方针;二是坚持弘扬传统民俗,实施中国传统节日振兴工程,延续乡村文化脉络,增强乡村文化认同、乡土情怀;三是坚持加强传统艺术保护,结合实际培育传统艺术项目;四是坚持发展传统工艺,促进乡村文化产业发展,发展壮大文化产业;五是坚持非物质文化遗产整体性保护,统筹组织领导与资源,统筹发展文化产业与旅游产业,统筹非物质文化遗产保护与美丽乡村建设,统筹"非遗"工作与乡村发展融合,有效推动乡村振兴发展。

第二节 构建乡村公共文化体系

繁荣兴盛农村文化,促进乡村振兴,主要途径之一就是加强农村公共文化建设,健全乡村公共文化服务体系,推进基层综合性文化服务中心建设,推进文化惠民工程,鼓励创作乡村振兴实践文化作品,引导社会投身乡村文化建设。

一、乡村公共文化服务内涵

农村公共文化是公共文化的一个重要组成部分,要把握农村公共文化的内涵,离不开对公共文化内涵的界定。"公共"是"共同",是指面向社会公众的场所,因此,公共文化是进入公共领域的所有人一致认同某种观念原则和文化价值,一种旨在满足社会共同需要的文化形式。本文所探讨的公共文化是指由政府主导,在社会的参与下,整合具有公益性的文化机构和服务,以传播先进的文化,提供精神食粮,在不同时期满足人民的文化需要,并保障其基本文化权益的总和。公共文化属于文化范畴,分为物质、价值、制度三个层面,物质上以公共文化设施或场所为载体,价值上以精神导向、伦理观念道德等丰富人文精神形态。"提升公共文化服务水平"是《中共中央关于制定国民经济和社会发展第十四个五年规划和二〇三五年远景目标的建议》的重要内容。党的二十大报告指出,中国式现代化要实现物质文明和精神文明协调发展,在厚植现代化物质基础的同时,大力发展社会主义现代化文化,全面促进人的发展。确定了未来五年人民精神文化生活更加丰富,民族凝聚力和文化影响力不断增强的目标任务。进一步明确了繁荣发展文化事业和文化产业的具体任务,实施国家数字化战略,健全现代公共文化服务体系,创新实施文化惠民工程。《中共中央国务院关于实施乡村振兴战略的意见》(2018年中央一号文件)指出,到2035年乡村振兴取得决定性进展,城乡基本公共服务均等化基本实现,当然公共服务包含公共文化服务,公共文化服务的城乡均等实现是实现乡村振兴战略的目标任务之一。农村公共文化服务体系建设离不开公共文化空间建构。第一书记深刻领悟乡村公共文化体系构建对传承乡土文化、涵养村民精神生活具有重要意义,促进乡村振兴发展。

二、构建乡村公共文化服务体系的方法途径

改革开放以来,随着物质文明的快速发展,精神文化需求不断增加。现阶段我国乡村公共文化服务水平还存在着诸多问题,如乡村公共文化服务能力短缺,乡村文化生活不能得到有效满足,城乡差距较大等。如何提高乡村公共服务高质量发展,构建乡村公共文化服务体系,进而推进高质量的乡村振兴是一项重要的惠民工程。第一书记在提升乡村公共文化

服务能力水平工作中,要围绕如何提升公共文化服务效能、丰富文化产品、激发内在活力、引导社会力量参与搭建公共文化服务体系,寻找思路,解决问题。

(一)统筹公共文化资源

乡村公共文化资源统筹意义在于提升乡村公共文化的服务效能。统筹资源构建乡村公共文化服务体系的途径主要包括:一是优质资源下沉,打通优质资源服务延伸渠道,打破部门、行业、地域壁垒,构建规模化、层次化的服务体系;二是拓宽供给渠道,依托现有乡村公共服务体系,嵌入地域特色公共文化,融合优质文化与地域特色文化,建立以乡村公共文化服务网络供需平台,订单式精准化提供公共文化产品;三是建立反馈机制,在订单式精准化提供乡村公共文化产品的同时,建立乡村文化需求反馈机制,不断充实公共文化产品,淘汰不适宜文化产品,实现优质服务;四是整合部门资源,实现乡村社会文化资源下沉,如县域图书馆、文化馆在乡镇或村设立分馆;基层广播电视机构,通过电视、网络等形式提供窗口和平台;文化部门送文化下乡;农业、科技部门送技术下乡等。

(二)畅通公共文化供给

我国现阶段农村公共文化供给相对落后,城乡供需不平衡,乡村公共文化供应不充分,是现阶段我国乡村社会公共文化供给的主要矛盾。实现乡村公共文化供给充分,要结合群众需要、载体丰富、惠民工程、数字服务等渠道。一是供给与群众需要结合,按照"订单式"精准公共文化体系建设,把群众"需要文化"和"部门输送文化"相结合起来,创作与乡村振兴发展相适应的文化作品,开展促进乡村振兴发展的文化活动;二是供给与输送载体相结合,通过文化下乡、文艺志愿服务、科技下乡服务、文艺演出团体等多样载体,把推进乡村发展的、群众需要满意的公共文化送到群众中去;三是供给与惠民工程相结合,依托"农家书屋"、广播电视"村村通"等惠民工程,将群众需要的公共文化传递下去;四是供给与数字化乡村相结合,应用互联网技术,发挥数字化的"网上图书馆""虚拟博物馆""网上剧院"等网络公共文化服务,创新公共文化供给方式服务广大人民群众。

(三)激发乡村文化动力

乡村文化根源在农村,发展依靠农民。实现乡村振兴宏伟目标主体是农民,推进乡村公共文化建设主体在于农民,充分调动人民群众积极性,激发广大人民群众内生动力,融入群众、融入生活。在激发乡村文化内生动力方面工作重点在于调动,一是调动公共文化主体创作,文化来自人民,发挥人民群众主体力量,挖掘创作智慧,创作乡土情怀作品,营造爱家乡、做贡献的家国情怀;二是调动公共文化主体参与,搭建各类展示乡村文化平台,通过表演、比赛、竞技等形式举办文化节、运动会、文艺演出等文化活动,激发群众文化热情,丰富文化生活内容;三是调动公共文化主体活动,为群众搭建各类展示乡村文化和群众才干的舞台,如开展"我们的村晚"、创作改编"我们的村歌""歌颂家乡美主题演讲"等以群众为主角的文化活动,展示乡村振兴的发展成果。

(四)引导社会力量参与

引导社会力量参与公共文化建设需要政府、基层组织和社会力量广泛合作,促进乡村公共文化朝着多元化方向发展。社会力量在公共文化体系建设中丰富了文化服务的提供主体,实现了提供方式的多元化。乡村公共文化体系建设中社会力量参与的重点在于引导。一是政府的相关引导政策措施。政府、基层组织通过制定相关政策措施,引导资本通过投资、捐赠、办实体、赞助等方式参与乡村公共文化体系的建设。二是引导支持企业开发面向乡村公共文化的产品和服务。三是引导公共文化设施社会化运营,鼓励具备条件的社会团体、企事业单位和其他组织机构参与乡村公共文化设施运营和管理。四是引导市场化的消费补贴,主要是提升政府在乡村文化消费市场投入和群众文化消费补贴等。

第三节 培育社会主义现代化文明乡风

推进乡村振兴战略,不仅要满足农民群众的物质需求,更要满足农民群众的精神需求,特别是在全面建成小康社会,实现第一个百年奋斗目标的当前,农民群众对精神层面的需求更加迫切,因此社会主义现代化文明乡风的培育也提高到了特别重要的位置,社会主义现代化文明乡风将反作用于乡村振兴战略,成为乡村振兴重要的推动力量和软件基础。加强乡风文明建设,既要传承优秀传统文化,更要发挥好先进文化的引领作用,同时,充分尊重乡村本位和农民主体地位,围绕农民需要和乡村文明建设的重点、难点开展针对性的工作,凝聚人心、振奋精神、生发激情,为乡村振兴注入强大的精神动力。

一、社会主义现代化文明乡风的科学内涵

文明乡风属于乡风范畴,但文明乡风又不同于乡风,文明乡风是与不文明乡风相对而言的,乡风包含文明乡风和不文明乡风两种,文明乡风是农村良好的风气风俗,是农民积极健康向上的精神风貌的体现。文明乡风表现在一定范围和时期内农民正确的价值观念和信仰、良好的生活习惯、正确的行为方式和高尚的道德修养,体现在一定区域内人们共同遵守的正确的生活准则、中华优良传统美德、良好的习惯和切合农村实际的约定俗成的规则。党的二十大报告明确提出广泛践行社会主义核心价值观,进而凝聚人心,汇聚民力;提高全社会文明程度,统筹推动文明培育、文明实践和文明创建,推进城乡精神文明建设融合发展,提升群众文明素养。文明乡风属于农村文化建设范畴,是乡风文明的集中体现。文明乡风在一定程度上,体现出农村社会文明的进步和发展状态,丰富了农村文化生活,提高了农民群众的思想、文化、道德水平,促进了崇尚文明与科学的健康向上的社会风气的形成。《中共中央国务院关于实施乡村振兴战略的意见》(2018年中央一号文件)明确提出培育文明乡风,提高乡村社会文明程度,开展移风易俗行动。要广泛开展群众性精神文明创建活动,遏制陈规陋习;加强宣传教育,丰富群众精神文化生活,抵制封建迷信活动;加强科普工作,提升群众科学文化素养。文明乡风反映在农村文化、风俗、法制、社会治安等诸多方面,引导着广大农民树立新时代所要求的思想理念和文明意识,营造良好的文明乡风环境,培养有文化、懂技术、会

经营的新型农民,对全面推进乡村振兴发展具有重要现实意义。

二、培育社会主义现代化文明乡风的主要内容

我国农村社会结构深刻变革,随着脱贫攻坚取得胜利,乡村振兴全面开启,农民群众思想发生深刻变化,第一书记是党选派到基层组织开展工作的重要一员,如何做好农村思想政治工作是第一命题。通过开展乡村思想政治工作,牢固树立社会主义理想信念,培育社会主义核心价值观,开展群众性精神文明创建活动,提升人民群众的道德水准、文明素养,促进乡村社会文明发展。培育社会主义现代化文明乡风要以习近平新时代中国特色社会主义思想为指导,培育和践行社会主义核心价值观,持续加强基层文明创建工作,深化文明社会风尚建设,发挥典型示范作用,全方位推进文明乡风建设,实现乡村振兴全面发展。

培育社会主义现代化文明乡风,一是要培育共同的理想信念,习近平新时代中国特色社会主义思想是我们党长期坚持的指导思想,是武装群众的重要思想,用科学理论指导实践、推进工作,用先进思想文化引领群众。二是要坚持培育和践行社会主义核心价值观,社会主义核心价值观是培育文明乡风的精神力量和价值追求,为实施乡村振兴战略提供了共同的价值引导、文化凝聚和精神推动,培育文明乡风关键在于将社会主义核心价值观内化为精神追求,外化为实际行动。三是要加强农村思想政治教育,农村生活与形势不断变化,思想碰撞日益激烈,注重广大农民群众思想政治教育方式方法,引导群众了解党的政策方针,深入开展国情、农情宣传教育,增进人民群众对党和政府的信任,全身心投入乡村振兴伟大征程中来。第一书记尤其要注意宣传落实好中央关于"三农"工作的重要方针政策,阐释好中央关于"三农"、惠农和实施乡村振兴战略的举措;贯彻好中央关于农村的全面深化改革、调整农村农业产业结构、促进农民增收等重要举措,引导广大群众增强信心、凝聚力量、培育向上奋斗的文明乡风。

第一书记在全面培育社会主义现代化文明乡风工作中主要在推进基

层文明创建、深化文明社会风尚行动和发挥典型示范引领三个方面下功夫。在推进基层文明创建方面,一是要着重推进文明村镇创建,以美丽乡村建设为主题,以提升文明乡风和淳朴民风为目标,以人文环境和文化生活相统一为要求,以思想道德建设为内涵,全面建设文明村镇;二是着重文明窗口创建,第一书记与基层党组织成员工作在服务人民群众第一线,与当地人民群众生活密切相关,涵养职业操守,培育职业精神,树立为民服务行业风尚,提供文明优质服务;三是着重家庭文明创建,积极培育引领家庭文明新风尚,在具体工作中注重"孝老敬亲""和睦家庭""文明家庭""道德家庭"等活动评比,以良好家风促进文明乡风。

在深化文明社会风尚行动方面,一是要注重文明行为宣讲,通过文明课堂、宣传栏、文化广场等文化传播媒介和场所,广泛开展文明社会风尚行为的行动;二是要注重文明行为规范,可以与有关部门开展联合教育,对酒驾、赌博、交通等不文明行为进行专项教育,引导群众自觉遵守公共秩序和规则;三是要注重破除陈规陋习,我国一部分乡村还存在着铺张浪费、大操大办红白喜事、封建迷信等不文明行为,这些陈规陋习根深蒂固,需要持续推进移风易俗,第一书记在具体工作中要因地制宜、精准施策、建章立制、精准治理,压不良风气,树文明新风;四是要注重村规民约,充分发挥村"红白理事会""道德评议会""村民议事会"的作用,树立文明向善、勤俭节约、文明健康的社会主义文明乡风。

在先进典型引领作用发挥方面,第一书记要广泛挖掘、塑造、培养具有本土气息,原汁原味的典型,这些先进典型具有可见、可信、可敬、可学的特点,有充足的说服力和深远的影响力。第一书记在具体工作中,一是要拓展典型塑造渠道,通过建立多种先进典型发现渠道,从群众中来到群众中去,引领教育群众,结合村具体情况,开展先进典型评选活动,推选身边好人、最美人物、感动人物、道德先进等模范典型,在人民群众中塑造榜样,汲取力量。二是要广泛宣传典型事迹,以人民群众易接受、易认同的方式宣传典型人物事迹,扩大宣传面,提升影响力。三是要引导先进典型参与社会活动,乡村模范典型往往是人民群众的精神领袖,模范典型通过积极参与乡村公益性活动、乡村社会治理等有利于影响身边群众开展道德实践,形成浓厚的崇德向善文明乡风的社会氛围。四是要发挥基层组织的培育作用,通过建立奖励机制,对先进典型褒奖,形成人人追求成为道德模范的热烈氛围。

第四节 加强乡村文化阵地建设

乡村文化阵地是国家公共文化服务体系的重要组成部分,是文化传播的主要阵地,更是基层群众获取精神文化需求的有效平台。加快乡村文化阵地建设,是推进社会主义新农村建设的重要内容,是推进农村精神文明建设的有力抓手,也是在农村深入贯彻落实习近平新时代中国特色社会主义思想、统筹城乡经济社会发展的具体体现。

一、我国现代乡村文化阵地建设进程

党的十六大期间就提出了《关于进一步加强农村文化建设的意见》精神,牢牢把握住社会主义先进文化前进方向,始终坚持贴近实际、贴近生活、贴近群众,坚持把乡村文化建设放在重要位置。党的二十大报告指出:"坚持和发展马克思主义,必须同中华优秀传统文化相结合。只有植根本国、本民族历史文化沃土,马克思主义真理之树才能根深叶茂。"在《中共中央国务院关于实施乡村振兴战略的意见》(2018年中央一号文件)中明确提出:"到2035年,乡风文明达到新高度,乡村治理体系更加完善。坚持全面振兴,统筹规划文化事业发展,繁荣兴盛农村文化,加强农村思想道德建设、传承提升农村优秀传统文化、加强农村公共文化建设、开展移风易俗行动。"提升乡村社会文明程度,在思想道德、传统文化、公共文化、移风易俗等具体举措中,都离不开乡村文化阵地建设。加强农村思想道德建设,要打造弘扬中国特色社会主义中国梦、民族精神和时代精神;集爱国主义、集体主义、社会主义、道德教育、诚信教育于一体的农村思想文化阵地建设;传承提升农村优秀传统文化,要在保护和传承基础

上,打造蕴含优秀思想观念、人民精神和道德规范的优秀传统文化阵地建设;加强农村公共文化建设,致力于以基层综合性文化服务中心建设为主体,完善乡村公共文化体系的文化阵地建设;开展移风易俗行动,打造以乡村基层组织为主导的宣传文化阵地建设。

二、新时期加强乡村文化阵地建设的思路和举措

当前我国农村基层文化阵地建设不能满足广大群众日益增长的需要,重点表现在总量不足、质量不高、特色不明、布局不合理等短板和资源割裂、重复建设、管理混乱等方面。面对现阶段农村基层文化阵地建设的不足,第一书记应注重完善基层文化阵地建设,理清思路,补齐短板,打通文化服务群众的"最后一公里"。

新时期加强乡村文化阵地建设的思路。乡村振兴战略关于文化阵地建设给出了基本遵循,加强乡村文化阵地建设也反馈于乡村振兴战略的实施。打造乡村文化阵地是第一书记做好服务群众工作的重要举措之一,围绕乡村振兴战略,理清发展思路。一是加强农村思想文化阵地建设,以社会主义核心价值观为引领,以深化中国特色社会主义和中国梦为遵循,以民族精神、时代精神和爱国主义、集体主义,以及社会主义教育为途径,以社会公德、职业道德、家庭美德、个人品德、诚信建设等为措施,全面推进农村思想文化阵地建设。二是加强优秀传统文化阵地建设,坚持创造性转化、创新性发展为原则,坚持保护传承、融合发展为指导方针,坚持挖掘乡村农耕文化蕴含的优秀思想、人文精神和道德规范,全面推进优秀传统文化阵地建设。三是加强乡村公共文化体系的文化阵地建设,注重"有标准、有网络、有内容、有人才"的建设标准,尊重上下联动的综合文化服务中心建设,注重资源整合和社会力量引导,尊重人民创造主体发挥,全面推进乡村公共文化体系的文化阵地建设。四是加强乡村基层组织为主导的宣传文化阵地建设,充分发挥党建引领,发挥基层党支部引领、宣传、教育群众作用,广泛开展文明乡村、文明户、文明家庭等群众性精神文明创建,广泛开展科学普及,移风易俗行动,全面推进乡村基层组

织为主导的宣传文化阵地建设。

新时期加强乡村文化阵地建设的举措。乡村广大人民群众对文化阵地需求越来越强烈，已经成为人民群众学习、生活、工作、娱乐的重要场所，已然成为惠及人民群众工程的重要组成部分。新时期加强乡村文化阵地建设主要有打造乡镇综合文化服务中心、乡村文化综合体和文化中心户等举措。从打造乡镇综合文化服务中心来看，一是要科学规划统筹各乡镇现有文化资源，依托已有综合文化站建设综合性文化服务中心；二是在文化服务中心建设基础上健全图书阅览室、文化展示厅、宣传栏等设施，实现文化资源共享；三是在文化服务中心建设基础上配套文化广场、运动场地、运动设备、公园场所等娱乐设施，多渠道扩增公共文化资源；四是在文化服务中心建设基础上不断完善服务项目，如科普下乡、演出观看、电影放映、文体活动、展览展示、科技培训等满足人民群众公共文化需求；五是争取多渠道、多部门，引导社会民间资本，加大资金投入，保障文化服务中心正常开展。从打造乡村文化综合体来看，首先要注重规划建设，乡村文化综合体具有地域特征，每个行政村资源、历史、公共文化体系等参差不齐，各不相同，要求各地综合自身因素，因地制宜打造文化综合体，例如结合自身情况，整合村已有文化活动室、农家书屋、文化信息资源共享工程服务点、科普活动站、妇女儿童之家、老年活动中心等服务机构，结合自身优势，突出特色，"一村一品"。其次要注重汇聚人文底蕴，展现乡村之美，丰富群众生活。通过文化综合体充分展示村史村情、乡风文明；充分宣传村最美人物、道德模范等先进事迹；充分开展培训、研讨、讲座；充分活跃文艺演出、体育活动。同时要注重拓展文化综合体服务群众功能，嵌入价值观念、道德培养，为新时代文化阵地建设注入时代内涵。从打造文化中心户来看，第一书记可以直接作用于中心文化户这一基本单元，通过争取资金保障、乡村自筹、帮扶单位资助、社会捐赠的途径建设中心文化户，发挥其学习交流、科技培训、政策宣传、文化娱乐、健身休闲、提升乡风文明的便捷作用。

第五节 打造一流乡村文化队伍

全面推进农村文化建设,对扎实推进社会主义新农村建设、满足广大农民群众多层次多方面精神文化需求,促进农村经济发展和社会进步具有重大意义。加强乡村文化人才队伍建设与管理,是繁荣农村公共文化,不断增强文化自我发展能力,提升文化竞争力的基础和重要支撑。

一、我国现代乡村文化队伍建设发展概述

在农村公共文化建设中,要创新、统筹规划,建立"政府主导,社会参与"的现代公共文化服务体系,努力形成一支社会性、全民性的文化建设队伍。《中共中央国务院关于实施乡村振兴战略的意见》(2018年中央一号文件)明确指出:"实施乡村振兴战略,统筹农村经济、政治、文化、社会、生态文明和党的建设,兴盛农村文化。加强乡村思想道德建设,传承发展提升农村优秀传统文化。加强农村公共文化建设和开展移风易俗行动。"党的二十大报告指出:"坚持以人民为中心的创作导向,推出更多增强人民精神力量的优秀作品,培育造就大批德艺双馨的文学艺术家和规模宏大的文化文艺人才队伍。"乡村振兴,文化必振兴,实现文化振兴要以人民群众为主体,发挥人的主观能动性,实现乡村文化振兴须打造一支强有力的乡村文化队伍。当前乡村文化工作队伍已经取得了许多宝贵经验,如充分发挥工会、共青团、妇联、老年协会等团体的组织引导作用,广泛开展文化志愿者活动,鼓励各艺术协会成员和离退休文艺工作者、教师以及热心公益事业的各界人士为农村提供志愿文化服务。大力培养农村文化的后备队伍,充分调动农村文化管理员、非遗项目传承人和业余文艺骨干等的工作热情,建立队伍的长效机制,促进农村文化事业的繁荣和发展等。

二、新时期重视打造乡村文化队伍的要素

影响农村文化振兴的要素不断变化,现阶段我国农村社会在传承乡

村优秀传统文化,构建乡村公共文化服务体系,培育社会主义现代化文明乡风,加强乡村文化阵地建设等培育文明乡风工作中取得了长足发展,无论是何要素都是以"人"为第一要素。乡村文化工作领域不断拓展,服务体系逐步完善,阵地建设不断壮大,乡村文化发展面临的任务不断增加,更加要求高度重视文化队伍建设工作,迫切需要打造一支"数量保证、素质较好、结构合理、覆盖面广"的专业化、专职化乡村文化队伍。对于加强乡村文化队伍建设,主要从以下三方面开展工作。

不断加强乡村文化队伍整体素质。提升乡村文化队伍整体素质,培养或引进一批留得下来,用得上来的乡村文化工作人才。乡村人才队伍建设关键在于引入和培养,为乡村文化发展提供源源不断的人才支撑。乡村文化队伍整体素质提升要依靠引进、培训、交流和指导。一是引进高素质乡村文化工作人才,人才引进是从根本上解决乡村文化队伍高素质人才短缺最直接的途径,城乡发展不平衡,乡村经济发展水平落后,大学生不愿意去基层就业的观念,都直接导致了乡村难以引进高素质人才。破解这一难题,地方政府可以探索订单式乡村文化人才的培养模式,为乡村文化事业发展量身定制专业化人才或实行定向委培招生,从入口到出口一体化的就业模式,免除大学生后顾之忧,专职化从事乡村文化发展事业。二是通过培训提高专业化人才队伍水平,可以按照管理方式分类培训也可以按照专业区分进行培训,重点围绕传承乡村优秀传统文化专业人才开展业务和技术培训,对乡村文化体系构建队伍进行政策培训,对乡村文化阵地建设队伍进行管理培训,等等。三是广泛交流引进人才共享,注重各级文化部门之间人才交流和挂职锻炼,人才交流可以直接解决乡村文化队伍人才短缺问题,同时也有利于人才在文化振兴一线工作中积累经验、增长才干,同时乡村人才队伍通过挂职锻炼,能够开阔视野,拓展思路,提升素质和能力。四是衔接上级部门指导提升,通过上级部门工作指导,寻找差距和不足,帮助乡村文化工作者提升能力和水平。

持续保障乡村文化队伍专职专业。现阶段我国乡村文化队伍人员结构主要包括乡镇党委宣传委员、宣传文化干事、乡镇综合文化站专职人员、乡村文化工作指导员等。从乡村文化队伍管理方式来看,属于垂直管理模式。第一书记在抓党建促振兴工作中要重视宣传工作,尤其乡村文化发展的宣传工作,要认真贯彻落实中央和地方各级党委、政府有关基层宣传文化队伍建设的文件和精神。可以在工作中主动协助乡镇党委宣传委员和宣传干事,确保乡村文化工作任务顺利完成;配合乡镇综合文化站专职人员,开展文化工作;指导村文化工作力量,落实专职文化管理工作;挖掘乡土文化人才、大学生志愿者担任村级文化工作管理员;形成有人管、有人办的乡村文化高水平管理队伍,促进乡村文化事业可持续、高质量发展。

引导壮大乡村文化队伍社会力量。乡村文化产生于民间,根植于民间,发展于民间。乡村文化队伍主体大多来自民间,这就要求壮大民间文化队伍,汇聚民间的社会力量。在具体工作中,聚焦优秀民间文化艺术人才、聚焦非物质文化遗产传承人、聚焦民间文化艺术团体、聚焦民间文化志愿者团队。对于优秀民间文化艺术人才,要广泛培养,打破束缚,纳入教育培训范围。支持民间文化人才,壮大人才队伍,有利于文化产业发展,创建文化产业事业,更好地扎根农村土壤,服务群众文化生活,促进地方经济发展。对于非物质文化遗产传承人而言,肩负着传承民间文化血脉,延续地方文化特色的责任。深度开展"非遗"传承人培训,不断壮大"非遗"人才队伍,推动"非遗"保护与传承。同时注重培育各类民间艺术团体,满足群众多样化业余文化需求;引导社会各界人士参与乡村文化建设,壮大文化志愿者队伍。

第八章　驻村第一书记：夯实乡村治理基石

乡村的兴衰发展事关国家民族的兴衰发展，是一个国家能否保证稳定的基础所在。乡村振兴离不开和谐稳定的社会环境。乡村社会的治理离不开中华文明的优秀传统，根植于中华文明乡风、良好家风和淳朴民风；离不开现代乡村治理体系，依靠党的领导、政府负责、社会协同、公众参与、社会保障；离不开现代化的乡村治理体系，将自治、法治、德治"三治"融合，走中国式现代化发展的善治之路。党的二十大报告指出："到2035年，基本实现国家治理体系和治理能力现代化，全过程人民民主制度更加健全，基本建成法治国家、法治政府、法治社会；……农村基本具备现代生活条件，社会保持长期稳定，人的全面发展、全体人民共同富裕取得更为明显的实质性进展。"《中共中央国务院关于实施乡村振兴战略的意见》（2018年中央一号文件）对乡村治理进行了细致的描述，《意见》指出当前乡村治理体系和治理能力亟待强化，解决好"三农"问题要按照产业兴旺、生态宜居、乡风文明、治理有效和生活富裕的要求逐步实现，到2035年要实现乡村治理体系更加完善。第一书记在乡村振兴发展过程中，要领悟提升乡村治理水平的精髓，掌握乡村治理的根本方法和举措。当前阶段我国加强乡村治理取得的主要经验表现在，一是加强农村基层党组织建设，加强党对一切工作的领导，建立选派第一书记工作长效机制，面向贫困村、软弱涣散村、村集体经济薄弱村党组织派出第一书记，肩负着抓党建促乡村振兴的重要使命。二是深入推进村民自治实践，全面建立健全村务监督机制，构建多层次基层协商格局，创新基层管理体制机制，培养新型农村社会组织。三是建设法治乡村，树立法治为本，依法治理理念，建立健全乡村调解纠纷机制。四是提升乡村德治水平，凝练乡村道德规范,建立道德激励约束机制。五是建设平安乡村,健全落实社会治安综合治理领导责任制,持续开展扫黑除恶斗争,推进"雪亮工程"。

第一节 自治、法治与德治

乡村治理是国家治理的有机组成部分,乡村治理现代化关系到国家治理现代化目标的实现。党的十九大报告指出,要"加强农村基层基础工作,健全自治、法治、德治相结合的乡村治理体系"。

一、乡村振兴中"自治、法治与德治"的内涵

自治、法治、德治相结合的乡村治理体系,是以乡村振兴战略为方向,聚焦"三农"问题,以实现"产业兴旺、生态宜居、乡风文明、治理有效、生活富裕"为总要求的现代化乡村治理体系,是治理功能互补、治理结构融合的科学治理体系。自治是村民自我管理、自我教育、自我服务和自我提高,包括民主选举、民主决策、民主管理和民主监督。德治是以道德规范来约束人们的行为,形成社会秩序的治理观念和方式,对社会进行治理和监督。法治是社会治理的底线约束,以法律为准绳,对政府和民众的行为进行约束,开展法制监督。"自治、法治与德治"的乡村治理体系并非自治、法治与德治的简单组合,而是三者的一个有机整体。健全自治、法治、德治相结合的乡村治理体系,既是应对新时代乡村社会转型发展的必然选择,又是实现乡村振兴战略的本质要求,还是推进国家治理体系和治理能力现代化的重要基石。习近平总书记在中央农村工作会议上就指出:"健全自治、法治、德治相结合的乡村治理体系,是实现乡村善治的有效途径。"《中共中央关于党的百年奋斗重大成就和历史经验的决议》将"健全党组织领导的自治、法治、德治相结合的城乡基层治理体系"作为新时代在社会建设上所取得的历史性成就的一部分。这表明,要实现乡村振兴战略中的"治理有效"目标,就必须坚持自治、法治、德治相结合,全面推进"三治融合"。第一书记要深刻把握"自治、法治与德治"本质内涵,深入理

解"自治、法治、德治相结合的乡村治理体系",坚持聚焦"三农"问题,以农村农民切身需要为导向,推进乡村振兴发展。

二、第一书记打造乡村"自治、法治与德治"治理体系主要做法和启示

乡村振兴战略不断落实,乡村治理体系不断建设完善,构建乡村"自治、法治与德治相结合的治理体系"是实现社会有效治理的必然要求。但是在推进"三治"结合的过程中,也有一些难点、痛点和堵点需要着手解决,比如:乡村基层治理动能不足;法律意识需要进一步普及;文化水平仍需提高;"三治"结合基础薄弱,融合难度大。如何实现乡村"自治、法治与德治",要求第一书记深入理解"自治、法治、德治相结合的乡村治理体系",坚持聚焦"三农"问题,以农村农民切身需要为导向,以自身村情实情实际为基础,探索出建设各村"自治、法治与德治"治理体系的具体做法,不断提升群众满意度和幸福感。

首先,德治是"三治"结合的基础。第一书记要明确"自治、法治与德治"治理体系的构建,德治是基础,有利于凝聚乡村治理"向心力"。一是注重发挥德治教化作用,遏制农村陈规陋习,提升群众业余文化生活水平和社会道德素养,真正实现"党建引领工作,文化凝聚人心"的目标,切实让组织活起来、民心暖起来,将以规立德作为净化村庄社会风气的有效方式。二是采取各种方式激发农村传统文化活力,第一书记应当积极采取措施展现农村传统文化的魅力,传播优秀传统文化,改善农民精神风貌,涵养文明乡风,打造村庄德育阵地。三是积极借助各网络平台宣传,第一书记应把握网络直播等平台的机遇,在各平台通过网络直播、微信公众号文章等舆论宣传手段进行文化宣传,塑造农村优良形象,形成风清气正、向善向上的良好社会舆论导向。

其次,自治是"三治"结合的本质。第一书记要明确"自治、法治与德治"治理体系的构建,自治是本质,能够提升乡村治理的"内生力",畅通乡村治理"主动脉"。一是做好议事、公开、述职等自治关键环节,第一书记

在乡村自治的过程中,通过民主恳谈、民主听证等百姓说事的方式,对农村涉及民生重大问题开展民主协商,做到协商过程有记录、协商结果有运用。二是坚持程序透明公开,第一书记在参与乡村治理过程中,应严格按照"四议一审两公开"的程序,坚持民事民议、民事民办、民事民管的原则,为乡村自治制定各方面规章制度,村"两委"干部定期公开透明向村民代表会述职,接受村民代表的监督。三是坚持党建引领乡村治理,党的领导是乡村治理的根本优势,乡村基层党组织是领导乡村治理的坚强战斗堡垒,第一书记作为基层党组织的代表应当坚持党建引领,发挥先锋模范作用,提升自我管理水平,真正解决农村痛点难点问题。

再次,法治是"三治"结合的保障。第一书记要坚持法治为要,健全法治体系,提升乡村治理的"保障力"。法治是乡村治理的根本依靠,一是大力弘扬法治精神,第一书记将法治精神融入日常乡村管理,积极推进法治乡村建设,创造安全稳定社会环境。二是开展乡村法律服务工作,第一书记牵头建立乡村矛盾纠纷调处化解机制,收集矛盾纠纷,就地解决矛盾纠纷,为农民纠纷提供法律保障。三是宣传法律知识,培训法律人才,第一书记聘请专业人士宣传贴近村民生活的法律知识,营造浓厚法治氛围,结合自身优势,积极搭建平台,进行村民法律培训,带领村民学法用法。

最后,要坚持建立健全"自治、法治与德治相结合的治理体系",促进"三治"结合。实现乡村"自治、法治与德治",需要有效融合,共同发展。第一就是要固本强基,切实增强农村基层党组织的政治领导力,基层党支部是乡村治理的坚强战斗堡垒,第一书记在推进"三治"结合的过程中,一定要坚持党建引领,建设党员管理规章制度,优化党支部组织生活,增强党员组织纪律性,为"三治"结合奠定政治基础。第二是要理清"三治"关系,实现有机融合,"三治"之间互相影响,互相成就,第一书记要精准认知"三治"关系,并采取适宜办法进行有机融合,达到事半功倍的治理成果。第三是切实投身实践,第一书记要切实肯干,用实际行动推进"三治"结合。

第二节 建设平安乡村

农村社会是农村居民居住的共同体,是居民安居乐业的重要场所,建设平安乡村直接影响乡村社会的稳定与发展,是建设和谐社会的重要内容。

一、乡村振兴中"平安乡村"的内涵

平安乡村的概念,最早在1990年扬州开展的"创建平安村"活动中正式提出。随后一系列文件的出台,使平安乡村建设得到进一步促进。《中共中央国务院关于实施乡村振兴战略的意见》(2018年中央一号文件)中对平安乡村有明确论述:平安乡村建设是实施乡村振兴战略及实现中国特色社会主义建设的必由之路,体现了未来乡村治理现代化变革的方向,是提高乡村治理效果,实现乡风文明的关键所在。对具体如何建设平安乡村作出了明确的部署,提出了领导责任制、社会治安防控体系建设、扫黑除恶专项斗争、农村非法宗教活动和境外活动打击、乡村三级综治、农村公共安全体系、安全生产、精细化精准化管理、"雪亮工程"等具体举措。党的十九大以来,各级政府部门按照乡村振兴战略的指示,积极调动社会力量,组建村民理事会,通过优化乡村治理策略,探索新的路径化解基层矛盾,维护农村社会秩序,积极建设农村安全共同体。在新时代,我们应积极贯彻党中央决策部署,不断健全社会治理体系,强化社会整体防控能力,持续推进扫黑除恶常态化,为人民群众创造安全稳定的社会环境。综上所述,平安乡村是指针对农村社会治安问题,严格落实社会治安综合治理责任制度与目标管理责任制,完善农村社会治安防控体系建设,提高乡村公共服务、公共管理、公共安全保障水平,从而形成的治理有效、充满活力、和谐有序的乡村环境。

二、第一书记加强平安乡村建设的路径

随着我国经济社会的飞速发展,工业化、城镇化、信息化突飞猛进,乡村平安工作的问题日益凸显,造成新时期乡村平安工作日益变化的主要原因表现:一是农村城镇化进程逐渐加快,城镇化的农村人口密度大,进而造成维护乡村平安的人力物力不足;二是城镇化进程加快的同时,伴随着农民工进城,青年求学等社会因素,农村人口大量流失,涉及留守老人、儿童、妇女等弱势群体恶性伤害事件频发;三是我国乡村往往以家族式人口聚集为特征,家族势力、村霸恶霸容易滋生;四是城镇化人口聚集、偏远地区人口流失、弱势群体伤害、村霸家族势力等利益争夺,造成社会心理次生伤害,也是现阶段农村平安工作的一个显著特征。中共中央办公厅、国务院印发《关于加强社会治安防控体系建设的意见》,要求构建人防、物防、技防、心防体系,是当前推进平安乡村建设的重要举措。第一书记在加强平安乡村建设的进路研究中,要在本村平安建设基础之上,按照"人防、物防、技防和心防"全面推进平安乡村建设。

一是持续深入打造平安乡村"人防"局面。第一书记在乡村一线工作,要时刻紧绷保护人民安全这根弦,牢固树立保护人民安全意识,坚持人民至上。乡村是一个有机整体,这个有机整体包含社区、村落、企业、学校、医院、基层机构、生态环境等各个系统,自然人是组成各个系统的细胞,只有每个"细胞"健康,各个系统才能有一个生存的"内环境",才能保证乡村这个"有机体"生存。首先坚持人民至上,顺应人民需求,深化乡村平安创建。以人民"急难愁盼"问题的解决为切入点,将扫黑除恶专项斗争常态化,有效回应老百姓关注的治安、公共安全、权益等现实问题。其次坚持人民主体,人民群众是平安建设的主体,村民是平安乡村建设的主体,始终坚持人民群众在平安乡村建设中的主体地位,积极探索符合本村发展形势的平安乡村建设的新办法、新途径。同时,第一书记要抓好基层组织建设,打造坚强战斗堡垒,发挥基层党组织在平安乡村建设中的老百姓的"主心骨",通过基层党组织,把乡村平安工作做到老百姓的心坎上,

把问题解决在百姓急需处。对"零容忍"问题坚决打击,以"零懈怠"的工作作风提升人民群众满意度,打造生动平安乡村建设新局面,全面推进和谐社会发展。

二是持续深入补强平安乡村"物防"基础。物防是平安乡村建设的重要举措,更是最直接、最有效参与平安乡村建设的方法与途径。第一书记可以参照乡村振兴战略扎实推进"雪亮工程",实现乡村公共区域安全视频监控全覆盖,提升平安乡村预警预测能力。首先注重资源整合,第一书记来自各行各业,资源整合有利于发挥更大作用,资源整合不仅能广泛发挥省直机关的交通、财政、农业、乡村振兴等有关部门的政策优势,同时也汇集三大运营商、互联网企业等下派单位的技术优势,实现资源上的优势互补。其次注重区域协同,平安乡村的建设不是某一个村的建设,是一个区域内的平安建设,就某一区域内要实现城市农村全覆盖、城乡一体化统筹建设,第一书记在整合资源的同时,注重区域协同,能够更大限度发挥政策优势与技术优势。再者注重可复制模式,"雪亮工程"最大的优点在于可复制、可扩大覆盖、信息可共享、应用可联通。例如在视频监控系统建设中,第一书记可协调治安部门在重点公共区域、行业、领域、部位增加覆盖密度;可协调交通部门做到乡村交叉路口、道路关键节点无盲区;可争取城乡视频监控一体化建设,加强农村公共区域视频监控建设力度;争取硬件设备,衔接地方和部门整体架构和模式共享,推进信息共享,破解视频"孤岛"。

三是持续更新破解平安乡村"技防"壁垒。推进信息共享和推广应用的关键环节就是破除相关的技术障碍。信息共享障碍主要表现在硬件设备建设标准和传输技术不统一;地方与地方之间系统架构、共享模式、运行机制不一致;城乡部门等分割、封锁不能共享等问题,破解信息共享障碍的主要办法需要建立统一的网络体系架构和标准,建立从中央到地方的视频共享平台,建设完备的公共安全视频图像传输网络体系。推广应用的主要障碍表现在视频监控的深度应用,互联互通各个环节。第一书记们推进平安乡村建设能够打通的关键技术障碍主要表现在"应用"环节的打通,尤其在智能化服务水平的提升中可以发挥重要作用,同时对危害乡村平安事件进行预警分析、平安乡村状况监测评估、重点人群动态研判等领域做精细化治理。

四是积极构建平安乡村"心防"服务体系。加强构建平安乡村心理服务体系是平安建设的基础性工作,是第一书记打造平安乡村的软实力。心理服务体系包含前、中、末三端,前端是指心理知识宣传普及,中端是指心理问题监测预警,末端是指高危人群精准干预。第一书记做好"心防"服务体系主要有以下三种路径:一是搭建乡村心理服务平台。平台应包含市、区(县)、镇(乡)、村为一体的,指导中心—服务站—咨询室相衔接的,配备心理辅导、法律服务、社会工作者及志愿者的专业服务平台。二是培育社会心理服务人才队伍。以基层党组织为基础,联合公检法、司法、学会协会、医疗机构等专业人员组成社会心理服务专业队伍,第一书记可利用群体效应,组建包含各类专业人才的社会心理专业服务队,面向县域提供专业的社会心理服务人才,同时在各乡镇组建各村"两委"干部、民警、网格员、法律调解员为主体的兼职队伍,利用人脉广的特点,吸收心理咨询机构、高校、行业学会协会等专业人员加入志愿者队伍,提供全方位的社会心理服务。三是完善社会心理服务工作机制。在发挥群体效应基础之上,建立健全卫生、教育、司法、信访等多部门联合联动机制,广泛开展公众宣传教育,日常排查评估,定期分析研判,建立矛盾化解、法律援助、帮扶救助、心理疏导干预相结合的平安乡村社会心理服务体系。

第三节　矛盾纠纷化解

矛盾纠纷的存在是社会发展过程中的常态化现象,预防和化解社会矛盾是我国国家治理的核心内容之一。党的十九大报告指出,中国特色社会主义进入了新时代,社会的主要矛盾转化为人民日益增长的美好生活需要和不平衡不充分的发展之间的矛盾。主要矛盾的转化决定了矛盾纠纷化解机制实践的根本任务与工作重点。由于我国进入经济转轨和社会转型期,各社会阶层、关系主体之间利益格局相互交错,各种利益关系相互之间交织在一起,因此各种社会矛盾和社会冲突逐渐显现,化解难度不断增加。党的十八届四中全会《决定》提出要"健全社会矛盾纠纷预防化解机制",强化依法维护群众合法权益,构建多元、相互协调、功能完备的纠纷化解机制。党的十九届四中全会从完善共建共治共享的社会治理制度和实现现代化的治理体系与治理能力的战略高度出发,提出要完善正确处理人民内部矛盾有效化解机制,完善社会矛盾纠纷多元预防调处化解综合机制,努力将矛盾化解在基层。这一重要指示是立足于当下社会矛盾发展的新形势,提出了化解人民内部矛盾的新要求,推动从社会管理向社会治理的深刻转变,实现国家治理体系与治理能力的现代化。

一、矛盾纠纷化解的"枫桥经验"

"枫桥经验"是20世纪60年代初浙江省诸暨市枫桥镇干部群众创造的"发动和依靠群众,坚持矛盾不上交,就地解决,实现捕人少,治安好"的管理方式。在社会基层坚持和发展新时代"枫桥经验",完善正确处理新形势下人民内部矛盾机制,加强和改进人民信访工作,畅通和规范群众诉求表达、利益协调、权益保障通道,完善网格化管理、精细化服务、信息化支撑的基层治理平台,健全城乡社区治理体系,及时把矛盾纠纷化解在基层、化解在萌芽状态。

二、第一书记如何破解"矛盾纠纷"

乡村振兴战略是健全现代化治理格局的固本之策,实施乡村振兴战略,化解矛盾纠纷,实现农村社会安定有序,有利于打造现代化农村社会的治理格局,是进一步推进国家治理体系和治理能力的重要举措。

第一书记作为乡村振兴战略坚定实施者,村民相信的人,在具体工作中一定会遇到各式各样的矛盾纠纷,因此第一书记要掌握农村社会常见的稳定风险评估和矛盾纠纷化解的能力,预防和化解各类纠纷的能力,促进乡村社会和谐稳定发展。

第一书记在乡村振兴工作中最常见的"矛盾纠纷"主要特点表现为村民与村民之间、村民与基层组织、团体机构之间,也可概括为"邻里"纠纷和"邻避"纠纷。针对较常见纠纷产生的特点,"邻避"性纠纷可以通过稳定风险评估来预防纠纷产生,"邻里"纠纷更多依靠化解机制来解决。第一书记通过掌握稳定风险评估方法和矛盾纠纷化解机制相结合的途径,开展农村矛盾纠纷化解工作。

"邻避"纠纷稳定风险评估主要依据中共中央办公厅、国务院办公厅印发的《关于建立健全重大决策社会稳定风险评估机制的指导意见(试行)》。就第一书记开展工作而言,在规范乡村重大事项决策上,预防和减少矛盾发生提供了基本遵循。基于村民纠纷稳定风险评估制度,一是建立起"顶层设计、制度遵循、程序规范"的重大决策社会稳定评估制度,顶层设计主要是在村级事务的重大决策中,引入第三方稳评主体,简易稳评程序,工作过程评价,明确追责规定和后续跟踪管理;制度遵循主要是突出制度配套,贯穿重大决策制度稳评风险评估制度主要有项目报备、检查通报、业务培训、档案管理、专家咨询和责任追究;程序规范主要是指在各个流程、环节中制定具体操作细则,设立规范性台账。二是推动重大决策社会稳定风险评估工作社会化,上级机构重大决策都要在农村基层落地,提高公众参与的广泛性和民主性,体现评估的客观与公正。三是加强"邻避"项目稳评工作,尤其涉及乡村的"邻避"项目随处可见,如垃圾场的规划、基础工程的建设、农业用地与工业用地使用,等等,在"邻避"项目的矛盾纠纷避免预防中社会稳定风险评估将尤为重要。现阶段我国农村"邻避"纠纷稳定风险评估制度主要是在县级层面开展,乡镇、村更多是在程序上逐步规范,第一书记在村具体工作中要有决策稳定评估意识,将国家各项惠民政策在乡村落地、实施、监督、结果,才能有效规避风险,预防矛盾纠纷,发挥基层组织的决策与改革作用。

相对于"邻避"项目纠纷,"邻里"纠纷是指自然人、自然家庭之间的各种纠纷,"邻里"纠纷更多需要矛盾纠纷化解机制来解决。第一书记在实际工作中遇到最多的就是"邻里"纠纷,"邻避"项目纠纷往往通过事先干预可以有效避免。"邻里"纠纷往往具有主体多元化、诉求多元化、类型多元化等特点，同时又具有隐匿、事后特征。处理"邻里"纠纷最有效的办法就是完善矛盾纠纷化解机制，一是因地制宜的矛盾纠纷化解模式，这里的因地制宜是指在各地域内鼓励推动以民间调解为核心的矛盾纠纷化解模式，分为人民调解、专业调解和行业协会、商会调解三种模式。人民调解模式是指专业人士、职业调解员建立的调解工作室进行矛盾纠纷化解；专业调解模式是指建立专业的调解委员会，专业化调解乡村社会矛盾纠纷；行业协会、商会调解模式是指由行业协会、商会组建调解组织化解各类民商纠纷。二是搭建矛盾纠纷化解平台，乡村矛盾纠纷化解平台可以由基层组织负责人、行业协会、法律服务中心、职业调解员等为主体的矛盾纠纷多元化解平台。三是完善矛盾纠纷化解衔接机制，第一书记在具体工作中，要主动去行调对接、诉调对接和检调对接，通过与行政机关的衔接，积极引导和促成当事人达成和解，化解纠纷和矛盾。对于第一书记具体工作而言，"邻避"项目纠纷与"邻里"纠纷扮演角色完全不同，"邻避"项目纠纷角色应以监督、指导为主，重在决策、程序中规范规避矛盾纠纷；"邻里"纠纷角色更多是"家里人""金牌调解员"的角色，重在公平公正、专业化衔接来处理矛盾纠纷。

第四节　共建共治共享

党的十九届四中全会《中共中央关于坚持和完善中国特色社会主义制度推进国家治理体系和治理能力现代化若干重大问题的决定》指出："坚持和完善共建共治共享的社会治理制度，保持社会稳定、维护国家安全。"共建共治共享从主体、路径、目标三个维度体现我国社会治理制度的内在逻辑和要素构成，对于实现社会治理理念科学化、结构合理化、方式精细化，彰显我国社会治理制度的优势，具有十分重要的意义。

一、乡村振兴中"共建共治共享"的内涵

乡村振兴战略蕴含发展理念，"共建共治共享"是从根本上体现了以

人民为中心的主体定位,内含着对全体人民意志的遵从,对全体人民参与权利的肯定,对全体人民利益的敬畏。共建即共同参与社会建设。就发展社会事业而言,在教育、医疗、卫生、就业、社保以及社会服务等相关领域,应本着政府主导和政社合作原则,通过一系列政策安排,为市场主体和各种社会力量创造发挥作用的更多机会;就完善社会福利而言,人民的获得感、幸福感和安全感,需要得到制度保护。共治即共同参与社会治理。参与权是人民群众的一项重要权利,也是人性需求的组成部分。物资匮乏的社会阶段,人们参与公共事务的动力尚不突出,随着我国小康社会的逐步实现,社会主义现代化强国的进展,共治要求凸显时代特征。共享即共同享有治理成果。改革开放以来,我国经济发展突飞猛进,然而发展成果却没有很好地惠及每个家庭每个人,城乡之间、地域之间、群体之间存在一定差距,这种不平衡不充分的发展不是人民需要的健康发展。习近平总书记强调,要完善共建共治共享的社会治理制度,实现政府治理同社会调节、居民自治良性互动,建设人人有责、人人尽责、人人享有的社会治理共同体。"十四五"时期推进经济社会发展,迫切需要通过共建共治共享拓展社会发展新局面,让更多的社会主体和市场主体参与社会治理,以更加多元的方式实现社会治理,并且更加公平地享受社会治理成果。第一书记要深刻把握"共建共治共享"本质内涵,坚持以人民为中心,推进乡村振兴发展。

二、第一书记打造乡村共建共治共享治理格局主要做法和启示

随着乡村改革的不断深化,乡村经济结构和发展方式新变化,呈现出乡村社会矛盾的多样、群体、复杂化,与之相适应的解决措施相对薄弱,村民主观能动性不足,加之民生、竞争、个体行为综合影响,如何实现乡村共建共治共享局面,要求第一书记明确"共建共治共享"在乡村振兴的本质内涵,坚持以人民为中心的本质特征,紧密围绕村情实情,结合乡村基层治理实际,以平安乡村建设为推进,以解决村民具体矛盾和具体要求为切

入,探索出各村治理的路径、机制,打造"共建共治共享"的乡村治理格局,增强人民群众安全感、幸福感和获得感。

首先,共建是引领。第一书记要明确"共建共治共享"局面的形成,共同建设是引领。一是抓党建引领工作格局,建立健全"四议一审两公开"和"两代表一委员"制度,完善党政联席制度,探索村级联建机制。二是党组织角色引领,第一书记要充分发挥其村组织领导角色、参与政府负责角色、引导社会协同角色、推动公众参与角色和落实法制保障角色,综合提升农村基层党组织的组织力、提升村党组织的基层治理能力、提升为民的法律服务能力、提升全域的德治教育能力。三是打造共建的综合体系,第一书记要探索共建服务体系,共建体系应融合公共服务、信用评价、网格治理、平安乡村、安全责任、信息渠道、心理疏导七位一体的发展体系。四是因地制宜的工作模式,第一书记在具体的工作中嵌入网格化的工作模式,建立完善基层党组织,党小组,网格员,全体党员,村民为一体的网格化管理制度,第一时间了解村情民意。五是人才的稳定制度,第一书记制度常态化一定程度上解决了乡村治理人才队伍建设问题,推行村"两委""一肩挑"制度,同时要做好村治理干部队伍的选人用人,监督管理,切实加强村干部职业化管理水平,形成良好的共建局面。

其次,共治是途径。第一书记要明确"共建共治共享"局面的形成,共同治理是途径。一是完善机制途径。依托村民接待室,便民服务中心,代表委员工作室,法律咨询工作站,村警务室,村党建活动室等阵地的功能,广开收集村情民意渠道。经常性开展村"两委"会、人大代表、党代表、村民代表议事,完善议事机制,解决村民矛盾诉求。二是坚持法治德治结合。第一书记要善于应用"法治"这一利刃开展乡村治理工作,善用"法治"有力解决矛盾和问题。同时将"法治"与"德治"相结合,加强村民道德建设,用社会主义核心价值观来引导,用中华优秀传统文化来育人。实践中第一书记要充分利用好法律咨询的问题解决功能与社会文明实践站的宣传引领作用,将理论与实践相结合。三是发挥党员先进性。打造一个影响力好,村民信任度高,发挥党员先进性的平台,第一书记要善于动员、培养、调动以党员、志愿者、群众为主体的网格队伍,建立村环境治理队伍、文明监督队伍、应急突击队伍等,与"党日活动"相结合的帮扶、走访、慰问、义务劳动、文明宣传,深入民心,用实际行动影响教育村民。四是实践民主协商。第一书记要在团结中工作,凝聚民心一项重要的工作就是民主协商的实践,要坚持以人民为主体的原则开展民主协商,引导村"两委"班子、"两代表一委员"、具有代表性的党员代表、村民代表为主体的民主协商主体,以收集、明确、调研、协商、公开、落实为主线的议事程序,构建民提、民议、民办、民商量的民主协商共治格局。五是德治与文明乡风建设,第一书记要协助建立文明乡约,修订村规民约,切实发挥红白理事会等群众自治作用。要充分利用好、宣传好"道德模范""最美家庭""星级家庭",致力于文明乡风、良好家风、淳朴民风。六是法治是根本依靠,第一书记要引导村民知法懂法用法,要引导村民利用好法律服务,加大法律宣传力度,拓展法律教育途径,引导村民依法办事,用法律解决问题,靠法律化解矛盾。

再次,共享是目标。实现乡村振兴本质内涵是实现共同富裕,共同富裕的要求是发展成果共享。第一书记助推乡村振兴发展成果由人民共享。一是要成果共享。第一书记要打造美丽宜居乡村,并将生态宜居成果由人民共享。二是要服务共享。第一书记要打通服务群众最后一公里,将党和国家各项方针、政策落地生效,使得广大乡村人民切实得到关怀和服务。三是要发展共享。就覆盖面而言,发展是个体实现目标最有效的渠道,乡村振兴根本靠发展,人的发展靠教育,遵循教育公平,教育成果由人民共享;集体发展靠质量,扎实推进乡村振兴高质量发展,发展成果覆盖全体村民。第一书记要帮助村集体做好各村发展规划,发展要实现成果共享。四是要持续共享,第一书记要深入学习、宣传、贯彻乡村振兴战略,将乡村振兴战略落到实处,一张蓝图绘到底,实现共同富裕的目标。

最后,人民是主体。中国共产党的宗旨就是为人民服务。从党的百年历史奋斗取得的历史经验来看,坚持人民至上,以人民为中心,为民奋斗，民族复兴。第一书记作为党选派到乡村振兴战略一线的战斗员，要从根本上践行人民至上理念。在实现乡村振兴伟大征程中，唤起人民觉醒、扎根人民群众、依靠人民群众，始终牢记江山就是人民，人民就是江山，坚持一切为了人民、一切依靠人民，坚持发展为了人民、发展依靠人民、发展成果由人民共享，坚定不移贯彻实施乡村振兴战略，走全体人民共同富裕道路，就一定能够走好实现第二个百年奋斗目标的赶考之路，取得更大胜利。

第九章　驻村第一书记：引领多维度乡村人才培育

人才振兴战略在乡村振兴战略中起到关键性的作用，人才队伍是乡村振兴的核心推动力。改变乡村人才流失的局面，优化乡村人才发展环境，并非短时间能完成的，必须强化乡村振兴人才支撑。党的二十大报告明确提出强化现代化建设人才支撑。因此，在全面推进乡村振兴的进程中，要深入实施人才强国战略，推进人才振兴。必须以更加积极、更加开放、更加有效的方式培育各种人才，让各类人才在乡村大施所能、大展才华、大显身手，最终推动乡村人才振兴。

第一节　加快培育生产经营人才

一、大力培育新型职业农民

新型职业农民是一群有较高文化素质，拥有专业的职业技能，有着灵活和开放的思想，且具有强烈的社会责任感和时代观念的人。培育新型职业农民，利在当代，功在千秋。诺贝尔奖获得者、美国经济学家舒尔茨提出："没有世界一流的农民，就没有世界一流的农业。"[①]新型职业农民的培育对于我国传统农业向现代农业的转变起着至关重要的作用，所以我们必须培养新一代爱农业、懂技术、善经营的新型职业农民。在城镇化推进的过程中，乡村"空心化"问题愈发严重，农村劳动力缺失、农民整体

---

① 徐谷波,时允昌,王俊,董克.新型职业农民培育研究综述[J].安徽广播电视大学学报,2021,2:11-15.

素质不高,而实施新型职业农民培育工程对于农业技术的创新、农业生产率的提高、农业的改革和发展起到重要的作用。

(1)要构建政府主导、多元参与的协同合作机制。发挥政府的主导作用,为新型职业农民教育培训提供资金支持,并且利用政府补贴、税费减免等手段引导农业龙头企业、示范家庭农场建立完善的培育设施,积极参与新型职业农民培育[①]。

(2)要建立和完善新型职业农民参加培训的激励机制。对于接受相关培训教育、具备相应职业能力的新型职业农民给予培训补贴。在现有的农村条件下,新型职业农民除了依靠外力,即政府部门依据相关政策的扶持,还要善于吸收新知识,接受新事物,且注重现代社会的有益元素内在价值的挖掘和重构,这样才有助于传统农业向现代化的转型。

二、培育高素质农民人才队伍

乡村振兴,农民是主体,人才是关键,高素质农民是重要支撑。这里的高素质,不仅仅是文化素质,还要懂技术、善经营、会管理,是整体的综合素质。培育高素质农民人才队伍的目的就在于全面提升农民综合素质,帮助农民转变理念、对接市场和抱团发展,并以高素质引领现代农业高质量发展,助力乡村全面振兴。

(1)培育高素质农民人才队伍,要创新农民教育培训的内容方式。乡政府要努力发展"田间课堂+实训基地"的农业农村实用技术培训模式,完善推进"送教下乡、农学交替、弹性学制"的农民职业教育模式,积极推行"一点两线、四大课堂、全程跟踪"的农民职业培训模式,努力探索"互联网+技能培训"新载体,开发"技能培训通"APP,着力提高教育培训的针对性、实效性、时代性和精准性,办好让农民满意的教育培训。

(2)培育高素质农民人才队伍,要健全农民教育培训体系。充分发挥

---

① 吴兆明,郑爱翔,刘轩.乡村振兴战略下新型职业农民职业教育与培训[J].教育与职业,2019:27-34.

农广校专门机构的主阵地主渠道作用,有效聚合多方资源力量,构建"一主多元"的农民教育培训体系。同时,充分利用各类教育培训资源,做好农民教育培训宣传,鼓励乡村广大务农人员积极参与农民教育培训。

三、加快培育规模经营主体

培育新型农业经营主体,发展多元化的适度规模经营模式,是增加农民收入、提高农业竞争力的有效途径,是建设现代农业的前进方向和必由之路。规模经营主体,可以通过不同的运作模式,建立健全产业分工、协作和利益联结机制,增加农业产业链的规模经营类型,以及通过土地、劳动力、技术、资本等要素的优化配置,充分发挥多元化的适度规模经营模式在现代农业中的引领作用。全国承包耕地流转面积逐年上升,农业适度规模经营是大势所趋,所以培育规模经营主体带头人是必要也是必需的。当前,农村规模经营主体总量不足、实力不强、活力不够,基础设施建设薄弱,不适应规模化发展需求。

发展规模化的农业经营模式,加快规模经营主体队伍建设的关键:①要引导工商资本下乡、支持农村能人发展、鼓励青年到农村创业,培育壮大规模经营主体队伍,提高农村规模经营的发展质量[①]。②要加大政策支持,对产业规模大、服务能力强的农业新型经营主体予以重点扶持,支持规模经营主体的壮大。③要鼓励农民工、高校毕业生、退役军人、科技人员、农村实用人才等创办领办家庭农场、农民合作社,壮大规模经营主体队伍。④要深入推进家庭农场经营者培养,完善项目支持、生产指导、质量管理、对接市场等服务。同时建立农民合作社带头人人才库,加强对农民合作社骨干的培训,提高规模经营主体队伍质量。

---

① 渠元春,张珂,杜敏亮,汪世静,田花丽,吕少洋,郭双双,马卓,袁璋.南阳市农业适度规模经营发展的现状及启示建议[J].农业科技通讯,2021,11:20-24.

四、加快培育农村实用人才

农村实用人才具有一定的经济头脑，在农村经济实践活动中起示范带头作用，在生产、加工、经营方面有一技之长。农村实用人才在促进农村经济发展、带动人民增收致富、优化农业结构等方面发挥着重要的作用，他们是农村农业技术的实践者和示范者，同时也是乡村经济发展所需的人才。要加快农业农村经济发展、推动乡村振兴战略的实现，必须重视加快培育农村实用人才。目前，农村实用人才数量不足，乡村第一产业的劳动力输出较多，导致从事农产品加工、销售的关键人才稀缺。且农村实用人才整体素质不高，具有较高学历的人才都不愿意留在农村，掌握一定专业技术的农村实用人才学历普遍较低。因此，推进农村经济建设，带动农民增收致富，必须加快培育农村实用人才。

（一）要充分利用、整合教育资源，健全人才培训体系

(1)充分发挥各级培训阵地和农村现代远程教育网络作用，定期组织农村实用人才集中培训，进行政策、实用科技知识辅导，提高素养。

(2)通过"走出去与引进来"的方法，组织农村实用人才外出学习现代化农业技术，拓宽视野，实现思维转变，回乡进一步加快农业农村经济发展。

（二）强化激励措施

对农村实用人才实行"三优先"政策，并在创业培训、项目审批、信贷发放等资源要素上给予重点支持，为农村实用人才创造良好的成长环境。

（三）强化保障措施

对生活有困难的农村实用人才每月给予适当生活补助，保障其基本生活要求；对有子女要上学的，要对接教育部门积极安排学校就读。

（四）鼓励农村实用人才培育主体多元化

政府可以出台相关培训奖励政策，鼓励社会培训机构、高校、新型农

业经营主体等参与农村实用人才培育,大力开展农民素质提升、新型职业农民等培训项目。

第二节　加快培养农村二、三产业发展人才

一、加快培育农村创业创新带头人

党的二十大提出,"……必须坚持科技是第一生产力、人才是第一资源、创新是第一动力,……人才强国战略,创新驱动发展战略……"创新创业是乡村产业振兴的重要动能,人才是创新创业的核心要素。创新创业人才作为农村发展的重要资源,在乡村振兴过程中要充分为其创造良好的发展环境和条件,促进其带动乡村发展。农村创业创新带头人即农村创新创业人才,农村创新创业带头人饱含乡土情怀、具有超前眼光、充满创业激情、富有奉献精神,是能带动农村经济发展和农民就业增收的乡村企业家。目前,由于乡村人才流失严重,人才政策力度不够大,导致农村发展活力缺失,发展速度缓慢。所以应该加大政策力度来支持鼓励人才返乡创新创业,并且对返乡入乡创新创业人才进行专业的培训。

(一)要支持返乡创业的农民工,鼓励入乡创业人员

(1)以乡情感召、政策吸引、事业凝聚的方式引导有资金积累、技术专长、市场信息和经营头脑的返乡人员在农村创新创业。

(2)改善乡村环境,营造引得进、留得住、干得好的乡村营商环境来吸引大中专毕业生、退役军人、科技人员等入乡创业,逐渐壮大农村创新创业人才队伍。

(二)要加大政策扶持,为创新创业人才提供良好的创新创业环境

(1)在财政政策方面,为符合条件的农村创新创业带头人,按规定给予适度创业补贴。

(2)在金融政策方面,落实创业担保贷款贴息政策,发挥国家融资担

保基金等政府性融资担保体系作用,大力扶持返乡入乡人员创新创业。

(3)在人才政策方面,将农村创新创业带头人及地方所需人才纳入地方政府人才引进政策奖励和住房补贴等范围。

(三)要加大培训力度、创新培训方式、提升培训质量

(1)加大培训力度。实施返乡入乡创业带头人培养计划,对具有发展潜力和带头示范作用的返乡入乡创业人员利用各种技能培训平台开展创业培训。

(2)创新培训方式。利用门户网站、远程视频、云互动平台、微课堂、融媒体等现代信息技术手段,对返乡入乡创业人员提供灵活便捷的在线培训。

(3)提升培训质量。当地政府根据返乡入乡创新创业带头人特点,开发一批特色专业和示范培训课程,并且推行互动教学、案例教学和现场观摩教学,积极探索"创业培训＋技能培训"的模式,提升培训质量。

(四)要挖掘在乡创业能人

挖掘"田秀才""土专家""乡创客"等乡土人才,支持创办家庭工场、手工作坊、乡村车间,保护传统手工艺,发掘乡村非物质文化遗产资源,推动农村经济增长,带动农民就业增收。

二、加快培育农村电商人才

电子商务已经成为农村地区培育农业产业化创新、培育农村转型发展、加快农民增收、推进乡村振兴的重要抓手。农村电商人才是乡村数字化的关键,他们能加快推动现代农业产业体系、经营体系和生产体系的构建,提升农村电子商务化程度,推动农业农村现代化。尽管我国农村电商发展势头正猛,但一些地方仍存在过于依赖政策、企业扶持与帮助的情况,导致农村电商专业人才不足、培养体系不完善、服务平台水平低等问题比较突出。因此,培育农村电商人才成了当前人才培育的重点。

(一)要明确培训对象

电商人才是高质量人才,需要有较强的学习能力和较高的知识文化

水平。一般来说,培训对象是返乡大学生、大学生村官、农民工、农村青年致富带头人及经济困难未就业青年,也有政府部门等有关人员,或是对农业电商感兴趣的城市人才。

(二)要加强政府干预和有关部门的监督和管理

政府应对农村电商人才培训企业和机构进行必要的资质审查,并对培训对象和内容做定期回访,以评估培训效果;同时还要积极组织号召,带领本地农民发展农业电商,在提升自身农业电商知识水平的同时,培养本地农业电商人才。

(三)要因地制宜培养人才

各地区应结合自身实际状况,优先培养所需所用农村电商人才,并与地区职业院校学生的创新创业活动相结合,由具备创造力和闯劲的年轻人带动市场销售,由相关职能部门支持打通物流、产业等环节,并以此形成可持续的乡村振兴推力。政府及相关部门要积极推进电商人才队伍建设,引导青年创业者利用电商直播平台推介销售优质特色产品,助推特色产业和乡村特色产业发展,助力乡村振兴。

三、鼓励各界人才投身乡村建设

乡村振兴需要农业人才,但振兴乡村单靠现有农村的人力资源远远不够,需要吸引更多懂农业、懂技术、懂市场、懂法律等的社会各界人才参与乡村振兴。社会各界人才主要指除机关、国有企业、事业单位之外的人才,他们具有超人的才干和能力,在自己专长方面有远见卓识,有着较强的分析和判断能力。他们能改善乡村社会、经济、生活环境,能提高乡村综合素质,促进乡村产业发展。由于当前乡村缺乏完善的人才管理机制,导致这部分人群发展机会受限制,因此政府及相关部门要做好人才引进的顶层设计,建立健全激励机制,研究制定完善相关政策措施和管理办法,吸引高质量人才,鼓励社会各界人才投身乡村建设,推进乡村二、三产业发展。

(1)可以以乡情乡愁为纽带,引导和支持企业家、医生、教师、建筑师、律师等人才,通过下乡担任志愿者、投资兴业、行医办学、捐资捐物、法律服务等方式服务乡村振兴事业,带动二、三产业的发展。

(2)通过制定优惠政策来吸引人才,因地制宜、分类施策,为人才引得进、留得住、用得好提供制度保障,落实和完善融资贷款、配套设施建设补助、税费减免等扶持政策,真真切切为乡村人才创业发展开绿灯、减负荷。

第三节　加快培养乡村公共服务人才

一、加强乡村教师人才队伍建设

党的二十大提出办好人民满意的教育。要实现乡村振兴必定要积极发展农村的教育事业,教育事业是人才振兴的基础。乡村教育事业的发展能够培养高素质人才和挖掘农村潜在人才,为乡村振兴事业提供源源不断的人才支撑,而乡村教师是推动我国乡村教育事业发展的重要支柱。

教育是人才培养的基础,教育质量的高低决定人才质量的高低,通过专业的培养和引导,能够提升受教育者的综合素质,更好地适应社会经济的发展。由于城乡二元体系的桎梏,农村教育资源匮乏,教育资源分布不均衡,乡村教师队伍质量不高,乡村教育事业发展内生动力不足等问题。因此实现乡村人才振兴,必须加快乡村教育事业的建设,加强乡村教师人才队伍的建设,提升乡村教育事业发展的内生动力。

(1)要持续改善农村学校办学条件,支持开展网络远程教育,推进"互联网+义务教育",利用信息技术送培送教,以此提高农村基础教育质量。

(2)要健全激励保障制度,对长期在乡村学校任教的教师,职称评审可按规定"定向评价、定向使用",高级岗位实行总量控制、比例单列,可不受所在学校岗位结构比例限制,以促进乡村教师对职业的认同感,提高其对教育工作的积极性,达到对乡村教师安心从教的激励效果。

(3)要保障和改善乡村教师待遇,一方面落实好乡村教师生活补助政策,按规定将符合条件的乡村教师纳入当地住房保障范围;另一方面,提高乡村教师的收益预期,减少城乡教师工资收入差距,加强乡村学校教师工作环境建设,以此来吸引更多的教师从事乡村教育事业。

(4)要不断优化乡村教师队伍结构,加大乡村骨干教师培养力度,精准培养本土化优秀教师,加大公费师范生的培养力度,选拔高质量的优秀毕业生加入乡村教师队伍,以此优化乡村教师队伍结构。

二、加强乡村卫生健康人才队伍建设

农村基层医疗卫生服务的质量决定了基本医疗卫生服务的可及性和农村地区居民的卫生健康状况。乡村卫生健康人才肩负治疗常见病和多发病的重任,承担着预防、保健等基本公共卫生服务,是乡村健康的守门人,在维护乡村卫生健康方面起着非常重要的作用。

当前,乡村卫生健康人才多数学历不高,大多数是大专学历,且年龄偏大。目前乡村卫生服务体系不完善,影响着农村居民的卫生健康。提升民生福祉势必要高质量的卫生服务,保障乡村居民的身体健康。因此,乡村振兴必须加强乡村卫生健康人才队伍建设。

(一)要充实乡村卫生健康人才队伍

(1)推进乡村基层医疗卫生机构公开招聘,对于艰苦边远地区县级及基层医疗卫生机构,可根据情况适当放宽学历、年龄等招聘条件,对急需紧缺卫生健康专业人才可以采取面试、直接考察等方式公开招聘。

(2)深入实施全科医生特岗计划、农村定向医学生免费培养和助理全科医生培训,支持城市二级及以上医院在职或退休医师到乡村基层医疗卫生机构多点执业,开办乡村诊所。为乡村卫生健康人才队伍注入新鲜血液的同时,提升乡村卫生健康人才队伍质量。

(二)要完善乡村基层卫生健康人才激励机制

(1)落实职称晋升和倾斜政策,优化乡镇医疗卫生机构岗位设置。

(2)逐步提高乡村医生收入待遇,适当给予生活补贴,同时做好乡村医生参加基本养老保险工作。

(3)深入推进乡村全科执业助理医师资格考试,推动乡村医生向执业

(助理)医师转化,提高乡村医生的认可度。做到在提高乡村卫生健康人才福利待遇的同时,吸引更多的人才加入乡村卫生健康人才的队伍。

(三)要优化乡村卫生健康人才的工作环境

政府应该加大财政投入,完善医疗设施的建设,推进"互联网+医疗+健康"模式的建设,提高基层卫生健康服务的便利性。给予乡村卫生健康人才良好便捷的工作环境和先进的医疗设备,提升其工作效率和服务质量。

三、加强乡村法律人才队伍建设

乡村法治能为乡村振兴的顺利进行提供重要的社会保障,同时还是全面推进依法治国的基本要求。随着时代的发展,农村居民的法治观念亟须转变,现代法治意识和法治理念亟待增强,乡村原有的"熟人社会"观念被打破,农村纠纷结果需要做到更合理、公平。但当前,农村居民学法积极性不高,乡村法治宣传不到位,乡村法律服务体系不完善,因此亟须加强乡村法律人才队伍的建设,以营造良好的乡村法治环境。

(一)要充实公共法律服务人才队伍

要推动公共法律服务力量下沉,通过招录、聘用、政府购买服务、发展志愿者队伍等方式,来扩充公共法律服务人才队伍。

(二)要加快乡村法律服务人才的培养

①以村干部、村妇联执委、人民调解员、网格员、村民小组长、退役军人等为重点,加快培育"法律明白人"。②利用好各大高等农业院校,侧重专才教育,培养出"涉农"法律知识丰富的高等人才。只有培养优秀的法律人才,乡村法律人才队伍才能真正推动乡村法治。

(三)完善乡村法律服务体系

乡村法治要逐步推进,不可一刀切,可以把合理的乡村礼治规则纳入法律体系,以此增加村民对法律体系的认可,更好地体现出法律的合理性。完善和落实"一村一法律顾问"制度,给予村民进行法律咨询服务,为村民提供更多便利服务,让村民能够体会和感受到依法维权的好处。

(四)鼓励相关"涉农"法律人才投身于乡村法律建设的队伍之中

①完善工资待遇和职业保障政策,让乡村法律人才体会到国家的支持鼓励;②利用家国情怀、乡土情怀,吸引法律人才积极投身于社会主义新农村的建设之中,让法律人才愿意返乡入乡,愿意承担责任,为乡村法治建设做出贡献。

第四节 加快培养乡村治理人才

一、加强基层村组干部建设

只有加强基层村组干部建设,推进基层组织治理能力现代化,才能更充分地利用和统筹乡村资源来实现乡村振兴。基层组织承载着乡村人民对美好生活的向往和追求,在乡村振兴战略实施的背景下,农村基层组织需要更强的治理和服务能力,所以要加强基层村组干部建设,助力乡村振兴。

(一)要强化乡镇领导班子

应选优配强乡镇领导班子特别是乡镇党委书记,健全从乡镇事业人员、优秀村党组织书记到村任职过的选调生、驻村第一书记、驻村工作队员中选拔乡镇领导干部常态化机制。这些优秀有能力的人能够做好乡村治理工作,提升基层组织治理能力。

(二)完善工资待遇与绩效水平挂钩机制

对于长期在农村基层一线从事工作的村组干部,结合岗位职称、工作年限,实现工资与工龄相挂钩的倾斜政策。对于考核足够优秀的村组干部,设置相应的与业绩成果正相关的物质奖励。对村组干部起到相应激励作用,增加其对工作的积极性和满意度。

(三)要调整优化岗位编制和完善干部监督机制

统筹、调整当前的既有岗位与编制,实现对重叠交叉岗位、非核心工作岗位的精简合并,确保"人员有编制、岗位有人员"[①]。强化干部责任意识,加强其自我监督意识,牢牢树立不贪污腐败的思想。

(四)提高地区薪资补贴和落实乡镇公务员考录政策

要落实乡镇工作补贴和艰苦边远地区津贴政策,确保乡镇机关工作人员收入与县直机关同职级人员工资待遇有可比性。对于艰苦边远地区,乡镇公务员考录应适当降低门槛和开考比例,允许县乡两级拿出一定数量的职位面向高校毕业生、退役军人等具有本地户籍或在本地长期生活工作的人员招考。提高村组干部福利保障的同时,也要拓宽选人用人渠道。

二、发挥乡贤人士带头作用

乡贤人士是在新时代国家治理现代化的发展背景下,具有现代化的思维和理念,能给乡村带来新的生活方式,实现乡村传统文化与现代化知识有效结合的政府之外的民间精英。在乡村振兴战略的推进过程中,乡村的现代化发展还面临许多问题,乡村产业结构不合理、人口流失严重、乡村文化"断裂"等问题日益显露,而乡贤人士的回归能给乡村带来生机。因此,要发挥好乡贤人士的带头作用。

(一)政府要积极引导乡贤人士促进乡村经济发展

政府应加大引导力度,组织市场企业和社会组织共同参与乡村社会治理,让乡贤人士能够充分利用自身资源,吸引人才、资本,引进新技术,促进乡村社会经济发展,以及传播良好的生产生活方式。

(二)利用乡贤人士弘扬传统文化

文化体现了一个国家发展的软实力,实现乡村的全面振兴,弘扬和发

---

① 杜海峰.关于加强西部农村基层干部队伍建设的思考与建议[J].国家治理,2020,26:33—36.

展农村优秀传统文化,提炼农村优秀传统文化的精神内涵,对于凝聚民心发挥重要作用。乡贤人士是文化传播的载体,他们在日常生活实践中践行着优秀传统文化理念,其在弘扬新时代中国特色社会主义核心价值观中起到关键作用。政府要积极宣传他们的相关事迹,为乡村居民树立良好的价值观。

(三)利用好乡贤人士各自的优势来提高乡村治理效果

利用德高望重的乡贤人士帮助调解纠纷事务,人脉资源丰富的乡贤人士帮助举办乡村活动,资金富裕的乡村人士出资建设家乡等。

三、激活乡村自治内生动力

乡村治理要做到"三治"融合,即德治、法治、自治三者相结合来治理乡村社会,而自治在"三治"融合体系中处于核心地位,是优化基层治理的关键。乡村自治要求村民提高自我管理水平,要求村民作为治理主体,以民主的方式来实现自我管理、自我监督、自我决策等。实现乡村振兴必须激活乡村自治内生动力。当前乡村治理主体严重缺位,自治组织更要避免过度依赖政府,才能有效维持乡村社会秩序,提高村民参与乡村事务治理的积极性。

(一)调整自治组织成员结构

自治组织成员要有过硬的本领,要选拔素质够高、技术够硬、能干正事、有干劲的人员发挥带头作用。只有自治组织成员整体实力够强、素质够高,才能达到乡村自治的最佳效果。

(二)搭建教育平台,灌输自治意识

依靠乡贤人士利用当地容易让村民信服的方式传播自治理念,在重视自治教育的同时还要帮助村民树立有关自治的"主人公"意识,让村民明白自治不是自上而下的政府命令,而是人人参与的、自己有权表达合理诉求的治理新模式。只有让村民树立自治意识,才能调动村民保护乡村

自治的积极性,才能激发乡村自治的核心内驱力①。

(三)规范村民自治权力的运行

强调村民自治并不是其不受制约监管,而是要在法律允许的范围内行使自治权力,同时也要防止村委会过度自治化。乡村自治若不加以规范引导,容易诱发自治代表的逐利倾向,进而演变成精英主政,容易削弱村民自治组织的权威性,导致村民自治组织形同虚设。因此,要完善监督机制,也要创新监督的方式。

第五节 加快培养农业农村科技人才

一、构建乡村振兴科技人才体系

农业农村科技人才在科技引领农业农村现代化中发挥重要作用,而构建完善乡村振兴科技人才体系,对于加快和完善农业农村科技人才培养和发展管理机制、加快推进乡村人才振兴有重要的意义。要顺应新型农业经营主体和农业社会化服务组织蓬勃发展的新形势,继续深化构建乡村振兴科技人才体系。

(一)创新完善农业科技推广人才引进培养体系

对于农业科技推广人才的引进与配备,要综合考虑当地农业产业特点和规模、工作职责和任务、服务对象状况与分布、服务半径与手段、地域范围与交通等因素,且应当具有相应的专业技术水平,符合岗位职责要求。对于农业科技推广人才的培养,政府部门应该依托高校,免学费定向培养一定数量的农业科技推广的学生,并加大向贫困地区倾斜的力度。

(二)积极培育农业经营性服务组织体系

农业农村的现代化发展需要农业经营性服务体制的创新和改革,政

---

① 张纬武.乡村自治中村民主体意识的回归[J].重庆文理学院学报(社会科学版)2021,4:11—20.

府应当在政策、项目、资金、技术培训等方面向新型农业经营主体倾斜,强化农业生产基础设施建设,提升机械化、信息化经营管理和技术水平,使农业经营性服务组织尽快成为农业社会化服务的生力军。

(三)规范农业科技人才管理体系

乡镇农业科技人员要主动参加乡镇各项涉农工作会议,定期向乡镇主管农业的领导请示和汇报业务工作,征询乡镇政府对农业科技工作的意见和要求,并对所服务的乡镇农业发展和农业科技工作提出意见和建议。此外,建立城乡、区域、校地之间农业科技人才培育合作与交流机制,让农业科技人才能够在不同区域交流学习,提升自我专业知识和技能。同时,实行农业科技人才轮岗制度,根据有关部门的工作需要,保证农业科技人才在县乡之间和乡与乡之间的正常流动。

二、发展壮大科技特派员队伍

科技特派员是指经地方党委和政府按照一定程序选派,围绕解决"三农"问题,按照市场需求和农民实际需要,从事科技成果转化、优势特色产业开发、农业科技园区和产业化基地建设的专业技术人员。党的二十大明确提出完善人才战略布局,坚持各方面人才一起抓,建设规模宏大、结构合理、素质优良的人才队伍。科技特派员是农业科技创新创业的带头人,是农业科技的推广者,是乡村人才队伍中的重要部分,他们以农业科技人才为主体,以农业科技创新成果为纽带,推动乡村振兴战略的实施。发展壮大科技特派员队伍要完善强化各种相关政策,给予科技特派员良好的发展环境。

(一)强化科技特派员激励机制

政府应加大财政方面的投入,落实相关扶持政策,以激励支持科技特派员创新创业。同时为科技特派员开放一定的"绿色通道",使得科技特派员创办企业不仅能享受相关政策优惠,还能减免一定税收。

(二)加强科技特派员队伍管理,激发队伍活力

要梳理摸清科技特派员的能力信息,充分把握并利用科技特派员的

专长,以建立各种类别的多样化人才库。还要严格科技特派员的考核监督工作,考核结果要与职称评级、推优提干相挂钩,奖罚分明,对有能力干得好的科技特派员有所奖励,对考核不合格者予以解聘。

(三)加大宣传力度,给予科技特派员良好的发展环境

增加宣传方式和途径,宣传科技特派员创新创业和服务精神,增强社会对科技特派员创新创业的支持力度,为科技特派员创新创业提供良好的条件。同时,通过举办各种会议、开展讲座等形式进行宣传,提高社会各界对科技特派员的了解程度,营造良好的社会氛围,推动科技特派员工作的开展。

(四)鼓励引导更多人加入科技特派员的队伍

①支持普通高校、科研院所、职业学校和企业的科技人员发挥职业专长,到农村开展创业服务。同时引导大学生、返乡农民工、退伍转业军人、退休技术人员、农村青年、农村妇女等参与农村科技创业。②鼓励涉农企事业单位作为法人科技特派员带动农民创新创业,服务区域产业发展。

三、培养农业农村科技创新人才

农业农村科技创新人才是农业农村科技人才的重要构成,他们是推动农业农村现代化发展的重要动力。目前农村农业科技创新人才队伍综合素质有待提升,农村农业科技创新人才稀缺,在农村农业急需转型改革升级的形势下,对农业农村科技创新人才的质量和数量的要求越来越高。因此,要加快培养农业农村科技创新人才。

(一)创建农业科研平台

党的二十大提出,加快实施创新驱动发展战略……加强企业主导的产学研深度融合,强化目标导向,提高科技成果转化和产业化水平……。因此,在培养农业农村科技创新人才过程中,要以高校为桥梁,利用其人才技术的优势,将农业前沿技术成果进行转化,推广和引进各种农业新技术以及攻关农业科技项目,提升当地的农业科技创新水平,为农业农村科

技人才提供良好的农业科研平台,让农业科技创新人才能充分发挥自己的才能。

(二)营造农业农村科技创新人才良好发展环境

要做好农业科技创新人才培育工作,引导农业科技人才为乡村振兴贡献力量。通过推动内部体制机制创新和管理改革,探索建立人才培养、遴选的长效机制,营造有利于优秀人才脱颖而出的良好环境,激发系统科技人员的创新动力与活力①。

(三)强化对农业农村科技创新人才的培训

推动农村实用技术培训计划的实施,要充分发挥群众团体、科研机构、高等院校、教育培训基地、企业、中介机构等社会力量的作用,要加大农村农业科学技术的推广力度,把科技培训的重点放在种植、养殖、加工等领域。

第六节 建立健全乡村人才振兴机制

一、建立健全乡村人才培育机制

(一)明确乡村人才培育的目标

农民是实施乡村振兴战略的主体,是真正的实践者和受益者,他们最憧憬完成乡村振兴战略后的乡村,农民素质的高低直接关系到乡村振兴的成败和进程。因此,培育乡村人才要以提高农民素质、发挥他们的创造精神、调动农民参与乡村振兴的积极性为目标。

(二)清楚乡村人才培育的实施路径

乡村振兴的关键是产业。乡村人才工作要紧紧坚持围绕产业发展需求进行:①要积极创新农民培育方式,培育农业人才和注重人才储备。②

---

① 何雪梅,李彪,赵辉,王志德,孙传齐,徐德,马洁,邓媛元,邓力.达州农业科技创新现状、问题及对策建议[J].农业开发与装备,2021,10:97—98.

要推广农业科技,注重科技兴农,推动农业产业现代化。③搭建服务平台,注重氛围营造,为乡村农业人才提供更好的发展环境。④发掘实用人才,注重文化传承,以延续乡土人脉。

(三)完善乡村人才培育机制

培育乡村人才要以培育乡村本土人才作为基本立足点,这是乡村人才振兴的根基,因此要善于从脚下土地发现人才,培育"本土能人"。

(1)要完善新型职业农民教育培训机制。因地制宜,根据当地产业特色,探索实践适合当地特点的教育培训方式,探索菜单式学习、顶岗实训、创业孵化等多种培育方式。积极引导相关企业和农民专业合作组织建立新型职业农民培训实践基地,为培育新型职业农民提供教学观摩和实习实践场所。

(2)完善资格认证机制。规范职业农民资格认证的条件、标准、程序、机构和后续管理,分产业制定认证管理办法,建立健全新型职业农民分层登记注册制度和等级考核评定制度。

(3)建立健全农业从业资格准入制度,逐步将持有职业农民资格证书作为从事农业职业的基本条件和获得相关政策支持的主要依据。

二、建立健全乡村人才引进机制

乡村人才引进,就是要鼓励支持各类人才返乡入乡,要设法创造条件,让农村的机会能吸引人、留住人,让乡村更有人气。

(1)明确乡村振兴人才需求,实现人才的精准引进。定期评估乡村振兴人才需求,根据乡村振兴人才需求,实现精准引进,防止人才支撑"垒大堆"的现象出现。

(2)健全人才引进管理制度,实现人才引进的系统性。要根据乡村振兴人才需求的评估结果来做好人才引进工作,以系统性的方式考虑乡村振兴的人才引进工作,防止人才的重复引进和碎片化引进。充分利用资源和政策,引进各种人才及人才团队加入乡村振兴的队伍中,充分发挥他们的整体效能。

（3）构建促进人才返乡入乡的激励机制。坚持政府引导与市场机制相结合，以生活、经济、事业等方面为主，建立有针对性的事业晋升与生活福利等激励制度，引导各类人才积极前往乡村一线建功立业。

三、建立健全乡村人才使用机制

建立健全乡村人才使用机制，构建人尽其才，才尽其用的使用机制，激发人才活力。实现乡村振兴最有效的方法就是用好乡村人才。

（一）建立人才统用制度

推进县域教师、医生、律师等专业人才的统筹使用，加强服务管理和机制建设，可以有效解决乡村专业人才素质不高、数量不够等问题。

（二）创新人才服务机制

一方面，完善人才服务配套工作，建好用好"新型人才工作站"，充分发挥人才发展促进会职能作用，逐步形成功能齐全、优势互补的专业人才服务构架。另一方面，建立科学化服务体系，着力在创新创业、学习培训、落户及住房保障等方面给予优惠政策待遇。

（三）完善乡村人才激励机制

对于经营管理、专业技术水平高、带动农民群众脱贫致富的能力强、贡献突出的人，可以破格晋升和评定相应的技术职称。对农村经济发展有重大贡献的人才，给予精神和物质奖励，并在后续农业开发项目、技术研究、贷款等方面给予优先支持。

第十章 驻村第一书记:探寻工作方法与艺术

全面推进乡村振兴是新时代建设农业强国的重要任务。落实全面推进乡村振兴的各项政策措施,第一书记不仅需要具备应对各种复杂局面的本事和能力,也需要掌握有效的工作方法和技巧。

"方法找对,事半功倍。"第一书记完成工作任务是"过河",而过河需要"船"或"桥",这里的"船"和"桥",就是工作方法和艺术。农村工作要讲究策略章法,面对不同的对象、环境和形势,只有采取不同的方式方法,才能掌握工作主动、达到工作目的、展现工作作为。作为第一书记,应该不断结合工作实践完善应对复杂问题和困难挑战的工作方法,当好乡村振兴的"领头雁"。

第一节 方法要点

在乡村振兴推进过程中,村里工作千头万绪,一件件都非常具体。要想干好,必须讲求方法艺术、把握好时效度。这就需要第一书记一切从本村本地的实际出发,加强调查研究,把问题找实找准,把思路理清理对,然后以钉钉子精神反复抓、持续抓,再以群众是否满意检验工作的成效,切实做到引领一方发展、带富一方百姓。

一、一切从实际出发,实事求是

在梁家河插队期间,习近平同志一心想着为当地群众办实事,试图改变当地落后面貌。他说:"7年上山下乡的艰苦生活对我的锻炼很大。最大的收获有两点:一是让我懂得了什么叫实际,什么叫实事求是,什么叫群众。这是让我获益终生的东西。二是培养了我的自信心。"

第一书记要具备正确的思想方法和工作方法,不论干什么事情,确定工作目标也好,制订工作计划也好,首先要从实际出发,先把实际情况吃透摸准,然后再根据具体情况作出针对性决策。要对已经掌握的情况作深入细致的分析,经过去粗取精、去伪存真,真正做到察实情、出实招、求实效。农村工作量大面广,特别是涉及土地流转、宅基地"三权分置"、集体经济收益分配等牵一发而动全身的工作,第一书记必须因人因事因情施策,把农村各项工作做实做细,切不可生搬硬套。

二、调查研究是谋事之基、成事之道

党的十八大以来,为了践行在扶贫的路上"决不能落下一个贫困地区、一个贫困群众"的庄严承诺,习近平总书记几乎走遍全国特困地区。调查、研究、论证,再调查、再研究、再论证,一直是习近平总书记作决策的实践逻辑。这些调查研究,为提出切实可行、有效管用的方针政策,提供了科学依据和坚实基础。习近平总书记称"调查研究是我们党的传家宝",并强调,"调查研究是谋事之基、成事之道。没有调查,就没有发言权,更没有决策权"。调查研究是理论联系实际的桥梁,是基本的领导方法和工作方法。只有通过调查研究,才能摸清具体情况,让"务虚"的理论接上"地气",变为"务实"的理论;只有通过调查研究,才能掌握第一手情况,对工作实际做到胸中有数,知其深浅、晓其宽窄,才能作出符合实际的工作决策。

作为第一书记,要深入研究乡村振兴和新时代群众工作的新情况、新特点,善于掌握"一把钥匙开一把锁"的工作方法,因地、因时、因事、因人而异地开展工作。现在通信很发达,通过打打电话、发发微信、看看材料也能了解很多情况,但毕竟隔了一层,没有现场看、当面听、直接问和"七嘴八舌"的讨论来得真实鲜活。要带着问题经常深入群众、深入实际,了解群众所思所盼、所急所忧,通过调查研究摸准情况、吃透问题,找到办法、总结经验,真正把基本底数搞清楚,把工作抓到群众心坎上。

三、以钉钉子精神反反复复地去抓

习近平总书记说:"我提倡钉钉子精神,这得从我做起啊!这件事我要以钉钉子精神反反复复地去抓。"2013年2月28日,在党的十八届二中全会第二次全体会议上,习近平总书记对钉钉子精神进行了详细阐述:"我们要有钉钉子的精神,钉钉子往往不是一锤子就能钉好的,而是要一锤一锤接着敲,直到把钉子钉实钉牢,钉牢一颗再钉下一颗,不断钉下去,必然大有成效。如果东一榔头西一棒子,结果很可能是一颗钉子都钉不上、钉不牢。"习近平总书记用"钉钉子"的比喻,强调一张好的蓝图一干到底,切实干出成效来。作为重要的工作方法和艺术,钉钉子精神被广泛运用到了经济、政治、文化、社会、生态文明以及党的建设诸多领域的工作中。

对于村里,不管干什么、怎么干,带领村民脱贫致富始终是头等大事。只有大力发扬钉钉子精神,才能扭住关键、精准发力,以足够的耐心,一茬接着一茬干,直到抓出成效、实现目标。钉钉子不是一榔头可以敲出来的,而是要一锤一锤接着敲,而干事创业也绝非一日之功,需要一颗恒心干到底。"七一勋章"获得者黄大发,曾任贵州省遵义市播州区平正仡佬族乡草王坝村党支部书记,从20世纪60年代起,带领群众,历时30余年,靠着锄头、钢钎、铁锤和双手,在绝壁上凿出一条长9400米、地跨3个村的"生命渠"。正是他带领群众几十年如一日的坚守和实干,结束了草王坝长期缺水的历史。

四、群众意见是一把最好的尺子

在习近平总书记心中,"群众意见是一把最好的尺子"。群众意见是度量为民初心的标尺。拜群众为师,是习近平总书记始终如一的执政底色。问计于民,他进山村、访社区、到农家、看老人,深入体察民情,察群众满意度,问群众获得感。群众满意是衡量干部作风的卡尺和戒尺。习近平总书记多次用"尺子"作喻,鲜明指出了新时代党员干部律己修身养性的原则和标准,指明了党的各项事业发展的目标和方向。他还强调,人民群众拥护不拥护、赞成不赞成、高兴不高兴,是衡量我们一切工作是非得失的根本标准。

习近平总书记做群众工作很注意方法,也很人性化,从不采取强势、高压的做法,总是尽量做思想工作,认为把人的思想做通了,心理疙瘩解开了,事情也就顺理成章做好了。他强调,注重调动和保护各方面积极性,是领导方法和工作方法的重要内容。

第一书记要善于同群众打成一片,始终把群众放在心中,把责任扛在肩上,把担当落在行上,努力提高群众的信任度、满意度。第一书记工作干得好不好、作风实不实,群众说了算。要拜人民为师,向群众求教,常态化到农户家去倾听意见,了解群众所思所想所急所盼,在思想上与群众同频共振,在工作中调动群众参与,致富了让群众共享发展成果。

第二节　方法指导

干好工作的具体方法艺术很多,对于第一书记而言,需要着眼于当前乡村振兴的形势任务,学会吃透"上情"、摸清"下情",做好结合文章;学会抓住产业发展这个"牛鼻子"、统筹兼顾;总结已有经验、在创新中开拓;严以律己、修身立德,树立良好形象;善于把各方力量拧成一股绳、团结奋斗;学会换位思考,赢得民心;等等。能做到上面这些,工作开展起来就会得心应手、游刃有余,共富之路也会越走越宽广。

一、如何吃透"两头",科学决策

村级党组织是贯彻落实党中央决策部署的"最后一公里",也是党和政府联系农民群众的桥梁纽带。第一书记一头连着上级,一头连着百姓,是承上启下、上下贯通的特殊角色。新形势下,贯彻落实乡村振兴战略的各项任务,对于第一书记来说,责任重大、使命光荣,要真正发挥应有的作用,需要在吃透"两头"上下功夫,确保准确领会党的政策精髓要义,所作决策符合本村实际,所做工作让组织放心、群众满意。

(一)从"上情"中找方向,当好"领航员"

第一书记必须坚持以党的创新理论武装头脑,始终在思想上政治上行动上同党中央保持高度一致。党的二十大报告提出要全面推进乡村振兴,坚持农业农村优先发展,加快建设农业强国,之后中央又从顶层设计上先后出台了一系列涉及乡村振兴的政策、规划等。这些利民惠民的好政策、科学规划的好蓝图,需要第一书记先行吃透,再用群众听得懂的语言、用群众喜闻乐见的方式进行宣传,让广大群众真正入脑入心,知道该干什么、应该怎么干、干了有啥好处。只有第一书记先把上级政策理解透彻了,才能保证带领群众听党话、跟党走、找对路。

第一书记应该如何吃透政策,避免一知半解、理解偏差?可以通过看书看报、看上级官网和公众号等来提高理论水平,还要及时跟踪时事新闻,学会研究和分析形势,并结合村里的相关工作,分专题梳理中央和上级的有关政策,做到心中有数、部署有方。

(二)从"下情"中找办法,当好"联络员"

第一书记既要做党的路线方针政策的"宣传者""执行者",也要做民情民意的"收集者"、本地实际情况的"掌握者"。脚下沾有多少泥土,心中就沉淀多少真情,调研走访是村级党组织书记的必修课,只有多沉到一线,经常到群众家中、田间地头走一走、问一问,才能切实掌握本地实际情况、了解群众真正诉求、发现真正存在的问题。通过一遍遍地入户走访,主动为群众排忧解难,换回群众的"掏心窝子",从而搭起群众与党委、政府的"连心桥"。

第一书记应当如何问计于民?推动工作时,要以群众需求为导向,通过多种方式倾听群众呼声;遇到难题时,要注重多向群众请教,让群众参与决策;在落实成效上,应当以群众满不满意作为评价标准。

(三)从"繁杂"中找平衡,当好"决策员"

当前,基层治理环境发生了较大变化,第一书记一方面要担负起农业强起来、农村美起来、农民富起来的重任;另一方面还要确保农村社会和谐稳定、农民群众安居乐业,工作与过去相比更加复杂。加之,现在是信息时代,无论在哪,只要有部手机就可以知晓天下事,所以人们思想多元、价值多元、利益诉求多元。在这样的条件下,要处理好村里的各种关系和矛盾,协调好各种利益分配等,需要高超的工作方法和艺术。

对于第一书记,作决策的过程就是在繁杂中找平衡。比如,在选择本村发展产业时,要综合考虑,既立足本村优势又从外部借力;在协调群众矛盾纠纷时,要办事公道、不偏向任何一方,既讲理又讲情;在分配集体收益时,既尊重多数群众意愿又照顾困难群众;在制定本村各项制度时,要综合考虑各种情况,既体现刚性约束又留有余地;等等。

二、如何抓住"牛鼻子",统筹兼顾

农村工作千头万绪,上面千条线,村里一根针。在具体工作中不能只顾一头、不计其余,不能厚此薄彼、顾此失彼,避免出现"按住葫芦起了瓢"的现象。当然,强调统筹并不是不讲侧重点。看问题、办事情既要全面,又要善于抓住重点。如果主次不分、平均用力,就可能什么都干不好。所以,既要统筹兼顾,又要善于抓住"牛鼻子",以重点带动一般,从而起到"牵一发而动全身"的作用。

(一)突出问题导向

每个村的发展基础不同,第一书记要明晰目前村里工作重点是什么、问题症结在哪里,是"两委"班子不强,还是产业方向没找对,抑或治理不善、村风不正。要坚持问题导向,哪里矛盾和问题最突出,哪个疙瘩最难解,就重点抓哪项工作。全局有全局的重点,局部也有局部的重点。拿产业振兴来说,问题出在产、销的哪个环节,技术、人才哪个又是短板,都要细细分析,不能眉毛胡子一把抓。

另外,乡村振兴包括产业振兴、人才振兴、文化振兴、生态振兴、组织振兴。切不可只顾产业发展,忽视了人才、文化、生态、组织方面的工作。乡村振兴是一项全面工程,各方面应统筹部署、协同推进,不可偏废任何一方,也不能单打独斗、单兵冒进。在工作摆布和力量分配上,要坚持问题导向和目标导向,注重补短板、锻长板、强弱项,提高全面推进的整体效能。

(二)明确怎么干

毛泽东曾说:"弹钢琴要十个指头都动作,不能有的动,有的不动。但是,十个指头同时都按下去,那也不成调子。要产生好的音乐,十个指头的动作要有节奏,要互相配合。"村里的事情不少,党建、村民自治、发展村集体经济、农民专业合作社管理、服务群众等各方面的工作,都要照顾到,不能只注意一部分问题而把别的丢掉。

对第一书记来说,要想干好,首先要明确需要重点解决的问题,然后明晰解决的方法,分类施策、精准施策,不能大小一块煮、荤素一锅烩。对打基础利长远的工作,要做好若干年的规划,不能只看眼前不看未来,既要算小账,也要算大账;对切口小、见效快的工作,要抓细化落实,不能急功近利搞"政绩工程",也不能纸上谈兵、不了了之;对探索性的工作,要多学习、广泛听取意见,边探索边总结,久久为功,抱持功成不必在我的信念,一代接着一代干。

(三)明确怎么抓

村里的事,不是第一书记一个人的事,不仅要发挥第一书记的能动性,也要让全体村民有参与感、获得感,还得让各种组织发挥作用,形成共建共治共享的局面。既然参与的主体这么多,工作应该怎么抓呢?面对难啃的硬骨头、矛盾问题多的工作,第一书记要上阵主抓,发挥示范带头作用,当好主心骨,同时聚焦骨干力量,强化主体责任,让各方力量握指成拳、形成合力。面对一般性、常规性工作,明确任务和分工,定期跟踪指导,让人人负责,使人人优势和长处得以充分发挥。面对短期的临时性工作,可以选配合适的人组成临时工作组,进行跨组织协作,高效快速完成任务。

三、如何总结经验,开拓创新

注重总结经验是中国共产党的优良传统,创新是一个国家、一个民族发展进步的不竭动力。在全面推进乡村振兴过程中,第一书记既要传承我们党这个优良传统,面向过去,总结经验,从经验中找规律,在教训中长智慧;又要面向未来,开拓创新,在守正中创新,持续为乡村发展注入"活水"。

(一)从经验中找规律

不管做什么事,只要成功了,就会有收获,就有经验可以总结。总结经验的过程就是将感性认识上升为理性认识的过程。理性认识中蕴含着规律性的内容,能够帮助人们更好地判断未来的方向和趋势。这就要求第一书记时常对做得好的工作进行复盘,总结怎么做的、为什么能做好、有什么重要启示、有哪些经验可指导以后,特别是对于那些错综复杂的矛盾和问题的成功处理等,要善于从认识论、方法论层面去梳理提炼经验感受。通过这样反复多次的总结和积累,认识水平和理论水平也会随之快速提升。

(二)在教训中长智慧

经历挫折获得的教训,也是一笔宝贵的财富。毛泽东非常善于从哲学高度总结经验教训,他在总结中国革命经验教训时曾指出:"错误和挫折教训了我们,使我们比较聪明起来了,我们的事情就办得好一些。"近年来,乡村产业发展方面有不少教训:看见别的村种花红了,于是都跟着种;看见别人引进产业了,也"无中生有"跟着复制……一窝蜂不会带来"百花齐放",只会造成市场严重"堵车",最后谁都不会是赢家。村里发展,应因地制宜,能工则工、宜农则农、能游则游,切不可盲目照搬。要学会吃一堑长一智,同样的错误不再犯第二次,过去的覆辙不要重蹈。

(三)在守正中勇创新

守正创新,是观察问题、分析问题、解决问题的重要思想方法和工作方法。守正是创新的基础和前提,只有坚持守正,人们的各项活动才能沿着正确方向行稳致远,从而为创新提供坚实基础和可靠依托;创新是守正的发展和升华,只有不断创新,人们的各项活动才能跟上时代步伐,获得不竭发展动力,从而才能更好地守正。守正和创新相辅相成、辩证统一。守正才能不迷失方向、不犯颠覆性错误;创新才能把握时代、引领时代。党的二十大报告指出,要"敢于说前人没有说过的新话,敢于干前人没有干过的事情,以新的理论指导新的实践"。这需要第一书记在实际工作中,既在守正中创新,坚持过去对的东西,又拿出敢为人先的勇气和担当,大胆闯、大胆试、大胆干,闯出一片新天地。

四、如何正己立德,树立形象

俗话说:"村看村、户看户、群众看干部。"作为村里的带头人,书记"官"虽小,却责任重大,言行直接关系到村党组织强不强、党的形象好不好、农民群众富不富、农村社会稳不稳。当好这个带头人,要求第一书记从自身做起,修身立德、慎独慎微、清白做事、干净做人。只有品德过硬,第一书记做人才有底气、做事才会硬气、做"官"才有正气,才能带领大家心往一处想、劲往一处使,在共富路上越走越远。

(一)慎独慎微,严格要求自己

古人云"为官之法,唯有三事,曰清、曰慎、曰勤",讲的是领导干部一个人在独处的时候,即使没有人监督,也能严格要求自己,不做任何突破底线的事,即慎独慎微。在日常工作中,面对繁杂、琐碎的事情,都要保持谨慎的态度,私底下、无人时、细微处都要做到慎独慎微、警醒自己。如果有人监督时表现良好,无人约束时便放松对自身的要求,或是在公开场合表现积极,但在私底下却行为失范,是典型的"两面人",总有一天会暴露、会被群众抛弃。

第一书记如何做到慎独慎微?首先要不断加强自身党性修养,在思想上筑牢"第一道防线",凡事不能存有侥幸之心,心中明白什么该做、什么不该做。在无人监督时、在一个人独处时,也能做到心中有信仰,做事有底线、有准则。其次要防微杜渐,时刻保持清醒头脑。千里之堤,溃于蚁穴。日常工作中的每件小事如果不加小心都可能造成严重后果。任何严重事情的发生都有一个从小到大、从量变到质变的过程,所以要从点滴处防微杜渐,做到一颗公心、尽心为民。

(二)言行一致,践行为民承诺

村里工作干得好不好,群众是"阅卷人"。第一书记的品德修养如何、言行是否一致,老百姓最有发言权;第一书记为群众操了多少心、耗了多少时间、兑现了多少承诺,群众心里有杆秤。有的言行不一,上级领导来视察就对老百姓嘘寒问暖、关怀备至,领导一走就摆起一副冷面孔,对待群众诉求能推就推、能拖就拖;有的在选举时夸下海口,当众许诺,以换取村民的支持,上任了把许诺抛之脑后,引起群众不满,严重损害了党和政府形象。

作为村里的当家人,第一书记一定要言行一致、表里如一,规范自身言行,树立诚信好形象;熟悉政策法规,不盲目表态;牢记初心使命,将群众事放心上。一是坚定理想信念,自觉把个人追求与乡村振兴大局有机统一起来,识大体、顾大局。二是在日常工作中,摆正自身位置,站稳人民立场,把为群众谋利益作为头等大事。三是增强对人民群众的深厚情感,用心用情践行为民承诺。

(三)纳谏如流,自律他律并行

第一书记要虚心倾听他人的意见和建议,这是走群众路线的方式之一。正因为民心的感受最敏感、最细腻,民心的反映最直接、最朴素,于是有顺民意时的"掌声"和逆民意时的"骂声"。第一书记在倾听意见建议时,要将掌声作为鼓励前行的动力,将骂声当作鞭策督促的"良药",不断改进工作方法,赢得群众的拥护和支持。

勤于自律、诚于他律,才能做到干净、忠诚、担当。对于第一书记,在处理日常工作时,自律是基础,他律是保障,两者相辅相成、缺一不可,只有并行并重才能达到最佳效果。所以,第一书记正己立德、树立形象,应从自律、他律两方面发力。一方面,要把勤于自律作为立身之本。作为村里的当家人,一定要把自律放在首位,把纪律和规矩挺在前面,始终心存敬畏、手握戒尺,自觉管住自己的嘴、手、脚,不该说的不说、不该拿的不拿、不该去的地方不去,时时处处做一个政治上的明白人、经济上的清醒人、作风上的正派人。另一方面,要把诚于他律作为成事之要。自律是必要的,但还需要他律来约束。在村级事务管理中,要有意识地筑牢他律防线,不断健全完善村级监督体系,通过严格落实"四议两公开"制度、村务监督委员会制度等接受群众监督,从而做到洁身自好、清正廉明。

五、如何拧成一股绳,团结奋斗

村庄发展离不开好的带头人。然而,实现乡村振兴是囊括方方面面十分具体的工作,是一篇结构复杂的"大文章",仅靠个人力量难以实现。如何将各方力量拧成一股绳,关乎乡村振兴的成效,也考验着每名第一书记的智慧和担当。

(一)靠目标凝聚共识

村庄向好发展与每个村民息息相关,也是全体村民的共同期盼。很多时候,村庄发展之所以陷入"干部干、群众看"的尴尬境地,并不是村民在主观上不想干、不能干,而是他们看不到这些琐碎的具体事务对推动村庄发展、改善个人生活的意义。认知决定行动,目标凝聚共识。第一书记要想发动村民劲儿往一处使,最直接有效的方法之一就是以明确的目标明晰努力的方向,让村民们清楚地知道奋斗的方向在哪里,从而齐心协力共同为乡村振兴贡献力量。当然,目标设定并非盲目"画大饼",要通过走访入户、院坝会等方式,充分听取所有村民的意见建议,增强群众对村庄发展目标的认同感。在此基础上,第一书记要准确把握村庄资源禀赋及市场现状,通过外出实地考察、聘请专家到村指导等方式,科学制定符合村庄实际的短期、中期及长期目标。目标有了也不意味着万事大吉,第一书记要将这些抽象的发展目标,转换成群众能听懂的大白话,让群众明白美好前景对其个人生活的影响。对群众暂时不理解、不接受的部分,第一书记要听听群众是怎么想的,问问他们的顾虑是什么,在此基础上耐心做好解释工作,卸下群众的思想包袱,调动他们参与村庄建设的自觉性和积极性。

(二)靠带头引领示范

共同目标描绘了美好前景,村民便会产生"撸起袖子加油干"的热情,但如何将短暂的热情变成长久的动力,还需要第一书记带头引领示范。在思想精神层面,第一书记要拿出带头苦干的劲头来,保持昂扬向上的精神状态,要有不怕困难、敢想敢试的魄力。比如面对产业发展时,村民最开始可能会处于观望状态,第一书记要先尝试着干起来,先做出个样子来,用实实在在的成果带动群众。只有劲头但没有方法,就会沦为盲目乐观。第一书记既要带头干,更要会干,平时要加强思想理论和方针政策学习,第一时间了解与村庄发展相关的政策走向,同时要结合村庄发展实际,有针对性加强实务知识学习。在带头发展产业的过程中,必然会遇到这样那样的具体问题,第一书记要积极寻找解决方案,帮紧随其后的村民提前规避问题,避免挫折挫伤村民的积极性。同时,要保持敏锐的市场嗅觉,根据实际情况灵活调整发展方向。

(三)靠大家集聚合力

宜居宜业和美乡村的目标涉及方方面面,仅靠第一书记和第一书记的力量很难实现,要充分挖掘所有村民的优势特长,按照村庄发展所需进行科学排布,比如让口才好的年轻人去直播带货,让德高望重的老党员去调解矛盾等,争取让每个村民各尽其能、各展其长,为村庄发展贡献力量。除了在村发展的村民,第一书记也要掌握在外发展村民的动态,寻找村庄发展与个人价值实现的连接点,以此增加在外村民回村发展的可能性。即便不能将他们吸引回村,也可以充分利用其拥有的资源,为促进村庄发展贡献力量,凝聚乡村振兴的发展合力。与此同时,第一书记还要完善基础设施、营造良好的创业就业环境,以广发"英雄帖"的方式招引人才进村,让专业的人做专业的事,为村庄全面发展出力。

六、如何换位思考,赢得民心

心理学上有个定律叫"换位思考定律",是指在处理问题时,要站在对方的立场上去思考问题,试着去理解对方的想法、感受和利益诉求等。设身处地去理解别人,能够给对方留下好感,对方也会感到被尊重,从而愿意与自己沟通交流。同时,换位思考可以避免因自己的主观认识,造成对对方利益和需求的忽视。第一书记在村里要干成事、干好事,也要换位思考,站在群众一边想问题作决策,以为民服务的实际成效赢得民心。

(一)放下偏见,打破思维定式

毛泽东指出:"我们应该深刻地注意群众生活的问题,从土地、劳动问题,到柴米油盐问题。假如我们对这些问题注意了,解决了,满足了群众的需要,我们就真正成了群众生活的组织者,群众就会真正围绕在我们的周围,热烈地拥护我们。"

有的第一书记认为村民们的想法比较简单,甚至短视,其实并不全面。如今很多村民在外面不仅见过世面,甚至干出了名堂,有想法也有能力,有的可能比第一书记知道的还多。这就要求第一书记打破思维定式,放下固有的偏见、拆除"心"的围墙,深入群众,不仅要"身入",还要"心入""情入",讲大白话、讲群众听得懂的话,多向自己身边的老中青各年龄段的人学习,也许能够事半功倍。

遇事要将心比心,多想想自己哪里做得不好,多想想群众的不容易,多顾及一下群众的感受。如果群众有不满意,首先试着从自身找原因,看看是不是自己没有问问群众的意见,是不是没把群众急难愁盼的事情放到第一位,是不是办事不够公平公正损害了群众利益,等等。找到问题就要下决心解决,以真心为民换群众的真正拥护。

(二)学会倾听,听真话察实情

在群众眼中,第一书记是党的基层"形象代言人",一言一行事关重大。小事见格局,细节看人品。

第一书记和群众面对面,对待群众要耐心细致、苦口婆心,经常和群众拉家常,了解他们的思想动态,多听听他们的真实想法,比如他们希望党组织帮他们做些什么、有什么好的建议等。不仅要听好话,更要听真话、不那么好听的话,特别是要听听群众反对什么、痛恨什么。

要多听多看,开门搞活动,让群众大胆提意见、评头品足,只有事先愿意接受议论或批评,事后村民才会更加满意。只要愿意倾听群众想法,真正站在群众的角度换位思考,功夫下到,思想总会做通。比如搞拆迁,要站在他们的立场看问题,多听听群众在细节小事上的真实合理诉求,通过沟通弄清楚他们关心什么、想要什么,能解决的立马解决,通过努力能解决的创造条件解决,实在解决不了的争取群众理解。

要通过耐心细致的解释,化解群众心中的疑团,赢得群众的理解,凝聚群众的共识。比如千辛万苦给村上修了路、通了水、装了灯,腿没少跑、力没少出,但有时候大家不是看你干了多少,而是看你是怎么干的、钱是怎么花的,如果不跟大家讲清楚,即使再辛苦,可能也不被理解。问题也许就出在事前没有讲清政策、事中没有讲清细节、事后没有讲清结果。

(三)经常自省,自我改进提高

1941年的一天,突然天降大雨,电闪雷鸣,延川县代县长李彩云被雷击死。同时,一个农民的一头驴也被雷电击毙,于是他说,老天爷不睁眼,咋不劈死毛泽东?有人建议追查这件事,被毛泽东制止了。他说,要想想我们做了什么错事,引起了群众的反感。后来发现是征粮过多加重了农民的负担。了解情况后,就很快纠正过来。几年以后,毛泽东一直记着此事,多次"检讨"了这个问题。第一书记也是普通人,也可能会做错事。但错了并不可怕,可怕的是不敢承认,失了民心。

凡事从自身找原因。要经常对标一下上级政策要求、本村发展目标、村民呼声需求等,看看已经做到了什么,还有多少差距、将来有哪些可做等。如果做得不够好,不能推给别人或客观条件了事,而要多从自身找原因。看看到底是自己思想认识水平不够,还是目标方向、工作思路没找对,抑或工作方法有问题、工作态度不端正等,这样不仅自己可以得到改进提高,村里的工作也能开展得更好。

相信监督的力量。主动接受各方面监督,这既是一种胸怀,也是一种自信。村子的发展关乎所有村民的利益,大家自然不希望也不允许第一书记"一言堂""一支笔"。带头自愿接受监督,不仅能自证清白、弥补不足,也能让大家服气、让群众放心。

参考文献

[1]杨斌,王亚华.农业强国建设与乡村振兴战略研究[M].北京:中国发展出版社,2024.

[2]黄承伟.中国特色乡村振兴道路[M].武汉:武汉出版社,2024.

[3]杨文凤.地域乡村振兴实践研究[M].南京:东南大学出版社,2024.

[4]张孝德.大国乡村乡村蕴含中国式未来[M].北京:东方出版社,2024.

[5]陈萍,刘春生,孙玉良.人才培养与乡村振兴战略探索[M].北京:中国书籍出版社,2024.

[6]刘渊.新时代农村基层党组织组织力建设研究[M].成都:西南财经大学出版社,2023.

[7]蒲实,袁威.乡村振兴战略导读[M].北京:国家行政管理出版社,2021.

[8]吴军,姜晶.脱贫攻坚与壮大农村集体经济[M].北京:中国商务出版社,2020.

[9]杜浩波.新农村经济发展与分析[M].北京:现代出版社,2019.

[10]王天兰.新时代农村经济体制的再改革[M].北京:中央民族大学出版社,2019.

[11]唐小凤.实施乡村振兴战略背景下的中国农村经济发展研究[M].北京:中国原子能出版社,2019.

[12]莫家颖,黎东升.基于农户视角的农村经济实证研究[M].北京:中国农业出版社,2019.

[13]钱文荣.中国农村家庭经济活动[M].杭州:浙江大学出版社,2019.

[14]赵新龙.农村集体经济组织成员权的体系构建及其实现机制研究[M].北京:知识产权出版社,2019.

[15]毛必田,杨建伟,项有英.农村集体经济组织财务管理[M].北京:中国农业科学技术出版社,2019.

[16]黄光明,黄英金.新时代发展新型农村集体经济的江西探索[M].南昌:江西人民出版社,2019.

[17]陈旭,顾宇.驻村第一书记推动乡村振兴工作实践与探索[M].沈阳:辽宁人民出版社,2023.

[18]赵强主.驻村第一书记讲脱贫[M].上海:复旦大学出版社,2020.

[19]安艳芳,岳奎.亲历中国减贫奇迹驻村第一书记工作纪实[M].武汉:华中科技大学出版社,2021.

[20]疏利民.第一书记驻村日志选[M].合肥:合肥工业大学出版社,2022.

[21]任杰,胡滨.第一书记[M].广州:广东高等教育出版社,2022.

[22]周明.河岸上的诗与村庄——一位驻村第一书记的驻村手记[M].银川:宁夏人民出版社,2023.

[23]朱千华.我的青春在乡村第一书记扶贫纪实[M].南宁:广西科学技术出版社,2020.

[24]王颖,邵丽坤.国情调研系列丛书·双福村卷:第一书记带动脱贫[M].长春:吉林人民出版社,2020.

[25]孙永军,尹雪英.农村经济法制概论[M].北京:中国农业科学技术出版社,2020.

[26]肖雁.农村经济分析与政策研究[M].天津:天津科学技术出版社,2020.

[27]李春芝.现代服务业与农村经济[M].长春:吉林出版集团股份有限公司,2020.

[28]高向坤.农村经济发展的金融支持研究[M].长春:吉林大学出版社,2020.

[29]吴雪.多元化视角下农村经济发展策略研究[M].北京:现代出版社,2020.

[30]梅燕,蒋雨清.农村电商产业集群驱动区域经济发展[M].杭州:浙江大学出版社,2020.

[31]权哲男.中国农业改革与农村经济发展[M].延吉:延边大学出版社,2018.